向雷锋同志学习

毛泽东

伟大的共产主义战士——雷锋

摄影：周军

雷　锋

中国摄影出版社
China Photographic Publishing House

档案登记表

<table>
<tr><td>姓　　名</td><td>雷锋</td><td>性　　别</td><td>男</td><td>出生日期</td><td>1940.12.18</td><td></td></tr>
<tr><td>曾 用 名</td><td>雷正兴</td><td>民　　族</td><td>汉</td><td>籍　　贯</td><td>湖南省</td><td></td></tr>
<tr><td>政治面貌</td><td>党员</td><td>健康状况</td><td>健康</td><td>婚姻状况</td><td>未婚</td><td></td></tr>
<tr><td>学　　历</td><td>高小</td><td>毕业学校</td><td colspan="2">荷叶坝完小</td><td>毕业时间</td><td>1956.7</td></tr>
<tr><td>家庭住址</td><td colspan="6">湖南省望城县安庆乡简家塘</td></tr>
<tr><td rowspan="5">家庭成员</td><td>称谓</td><td>姓名</td><td colspan="4">职业</td></tr>
<tr><td>父亲</td><td>雷明亮</td><td colspan="4">农民</td></tr>
<tr><td>母亲</td><td>张元满</td><td colspan="4">农民</td></tr>
<tr><td>哥哥</td><td>雷正德</td><td colspan="4">童工</td></tr>
<tr><td>弟弟</td><td>待考</td><td colspan="4">无</td></tr>
<tr><td rowspan="4">学习经历</td><td colspan="2">起止时间</td><td colspan="2">就读学校</td><td colspan="2">在校期间担任何职务</td></tr>
<tr><td colspan="2">1950 年夏–1954 年夏</td><td colspan="2">刘家祠堂小学</td><td colspan="2"></td></tr>
<tr><td colspan="2">1954 年夏–1955 年夏</td><td colspan="2">清水塘小学</td><td colspan="2">中队委员</td></tr>
<tr><td colspan="2">1955 年夏–1956 年 7 月</td><td colspan="2">荷叶坝完全小学</td><td colspan="2"></td></tr>
<tr><td>工作经历</td><td colspan="6">1956 年 7 月–9 月，在生产队当了近 3 个月秋征助理员，搞征收公粮工作。
1956 年 9 月，在安庆乡政府当通讯员。
1956 年 11 月 17 日，到望城县委当干部。
1958 年 11 月 15 日–1959 年 12 月，辽宁鞍山鞍钢化工总厂工作。
1959 年 8 月 20 日，鞍钢弓长岭矿山——新建焦化厂工作。
1960 年 1 月–1962 年 8 月 15 日，沈阳军区工程兵运输连。</td></tr>
</table>

工作期间获奖情况	1957 年 2 月 8 日光荣加入中国新民主主义青年团，同时被评为县委机关工作模范。 1957 年夏，担任望城县治沩工程指挥部通讯员，治沩工程结束，被评为治沩模范。 1958 年 10 月至 1960 年 1 月，在鞍钢一年零二个多月时间里，3 次被评为先进工作者，5 次被评为红旗手，18 次被评为标兵，荣获青年社会主义建设积极分子称号。 1960 年 8 月，参加上寺水库抢险救灾，带病连续奋战 7 天 7 夜，表现突出，团党委为雷锋记三等功一次。 1960 年 8 月，将平时节约下来的 200 元钱分别支援抚顺市望花区人民公社和辽阳水灾区，受到部队表彰，获得了“节约标兵”称号。 1960 年 11 月 23 日，沈阳军区工程兵党委作出授予雷锋“模范共青团员”称号决定。 1960 年 11 月 27 日，雷锋荣立二等功，作为立功代表在全团授奖大会上发言，团长吴海山、政委韩万金分别向雷锋颁发二等功奖状和“模范共青团员”奖状，此后，雷锋又荣立过三等功一次，受团、营嘉奖多次。

序　言

爱因斯坦说过：“一个人的价值，应当看他贡献什么，而不是看他取得什么。”

雷锋说：“如果你是一滴水，你是否滋润了一寸土地？如果你是一线阳光，你是否照亮了一分黑暗？如果你是一颗粮食，你是否哺育了有用的生命？如果你是一颗最小的螺丝钉，你是否永远坚守在你生活的岗位上……”

雷锋一直意气风发地生活在那个时代的主流之中：戴红领巾，主动返乡务农，当政府通讯员，成为炼钢工人，参加人民解放军。在他的身上闪耀着朴实而崇高的情怀：他爱祖国、爱人民，他服务人民、助人为乐，他干一行、爱一行、专一行、精一行，他锐意进取、自强不息，他艰苦奋斗、勤俭节约……

雷锋，一个普通战士的名字，浓缩了几代中国人的共同记忆，书写了新中国半个世纪的精神年轮；雷锋，一个普通共产党员，赢得了亿万人民崇高和长久的敬意；雷锋，一个普通战士所表现的高贵品质，激励了几代人的健康成长；学习雷锋，在几十年历史进程中延续不断，影响着我们时代的社会风尚。

雷锋之所以成为中华民族的道德楷模，在于他与普通民众的生活命运息息相关，欢乐着一个社会的欢乐，喜悦着一种制度的喜悦，用奉献的涓涓细流，温暖着共和国旗帜下的人民大众。

雷锋精神是一种探索成长道路、确立行为规则的精神，它能够启迪人们公平竞争、利人利己、善待他人，从而促进和谐关系、和谐社会的生长。雷锋精神在人们思想活动的独立性、选择性、多变性、差异性明显增强的今天，为当代中国确立了一个精神坐标、一种道德尺度、一种生活方式、一种价值追求。

50 多年来，在雷锋精神的感召和鼓舞下，走雷锋式的路、做雷锋式的人成为无数人的自觉追求，各行各业都涌现出了一大批雷锋式的先进集体和模范人物，使雷锋精神得以一代代传承，并且哺育着一代又一代人成长进步，发挥着滋润心灵、涵养道德、激励人民、烛照社会、引领风尚的重要作用，默默地支撑起共和国的精神大厦。雷锋精神永远是激励人们奋力前行的强大力量，永远是引领社会风尚的鲜艳旗帜。

我们每个人内心都有雷锋精神的因子，那就是热爱生活、乐观善良。雷锋精神与时代同行，在催人向善的精神力量感召下，每一个时代都需要雷锋，每一个人都有可能成为雷锋。

目录

从孤儿到士兵

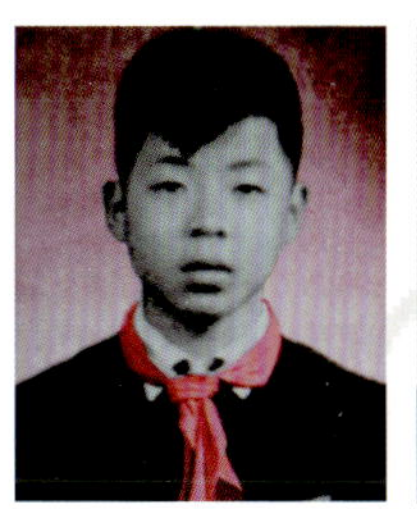

雷锋精神

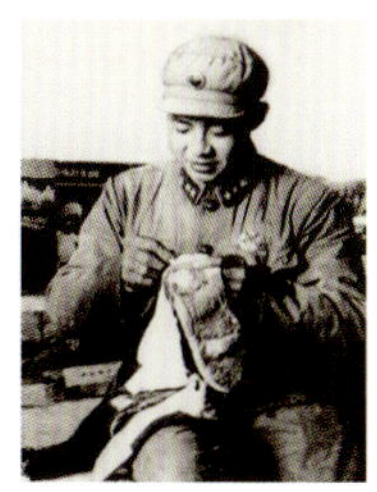

离开雷锋的日子

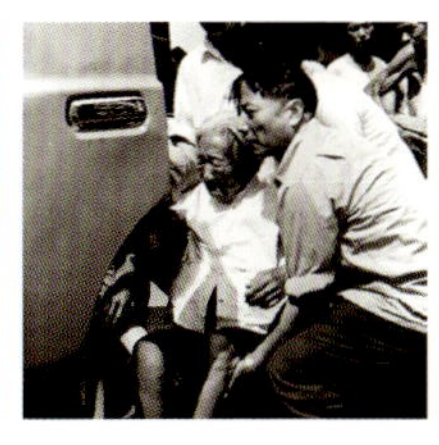

平凡而伟大的人生

从孤儿到士兵

(1–5). 1940 年 12 月 18 日，雷锋出生在湖南省望城县安庆乡（现雷锋乡）简家塘村一个贫苦农民家里，7 岁时就成了孤儿。图为雷锋故居。

1	2
	3
	4
	5

这是雷锋一家的卧
室，雷锋的父亲、哥哥
弟弟都先后在这间房子
里死去，雷锋的母亲也
是在这间房子里悬梁自
尽的。

雷锋的家和雷锋的亲人

雷锋出生后，父母给他取乳名“庚伢子”，“伢子”是湖南对男孩子的称呼；而叔公则给他取名为“雷正兴”，这个名字跟随他到18岁去鞍钢成为一名钢铁工人之前。

雷锋的祖父雷新庭，靠佃种地主唐四滚子10亩田，勉强维持一家半饱的生活。在高地租、高利贷和苛捐杂税的盘剥下得了重病。雷锋3岁那年的冬天，由于地主唐四滚子逼债，雷新庭在年关时含恨去世。

雷锋的父亲雷明亮参加过毛主席领导的湖南农民运动，当过自卫队长。1938年被抓夫，遭到国民党的毒打，造成内伤残疾。大革命失败后，雷明亮为了躲避地主武装的报复与迫害，逃到长沙。在仁和福油盐号做工时，运货途中曾被乱兵打成内伤，无钱医治，经常吐血、便血，被老板解雇，回到家中种田，成为地主唐四滚子的佃农。雷锋的母亲张元满，是望城县霞凝港穷铁匠张春华的女儿，出生后不久就被送到长沙的一家育婴堂，被抱养到6岁，因无力抚养，就把她送到雷家做童养媳，成年后与雷明亮完婚。成婚后辛苦操持一家人的生活。

雷锋5岁时，父亲因为伤病去世，全家无法生活，12岁的哥哥雷正德只好到离家几百里的津市一家机械厂当童工，在繁重劳动的折磨下得了童子痨(肺结核)。一天,他突然昏倒在机器旁,轧伤了胳膊和手指。被解雇后,哥哥又到一家印染作坊当了童工,由于劳累过度,肺病加重,又无钱医治,没几天就死去了。

哥哥死后,雷锋和母亲、弟弟三人,只好上街乞讨。不久,幼小的弟弟在艰难的生活折磨中夭折在母亲的怀里。

在公爹、丈夫、大儿子、小儿子相继去世后,雷锋的母亲带着他在唐地主家做工,生活十分艰难。雷锋7岁时,母亲因不堪地主的凌辱,悬梁自尽。当晚她眼泪汪汪地对雷锋说:"苦命的孩子,妈妈不能和你在一起了,靠天保佑,你要自长成人。"她脱下一件衣服披在雷锋身上,让他到六叔公家去睡。雷锋走后,她就上吊了。

从此,雷锋成为孤儿。

雷锋的家位于湖南省望城县简家塘(今雷锋村)。原为地主唐四滚子的庄屋,雷锋祖父雷新庭三兄弟佃种唐家的田地时就住在这里。庄屋为四合院式的土砖茅房。三面环山,西面有塘和田。1940年12月18日,雷锋出生在这里,一直到1956年11月,雷锋在这里度过了16个春秋。

1968年,望城县雷锋纪念馆建成后,为配合纪念馆的展览,体现雷锋家乡的特色,就把这个雷锋苦难家史的历史见证保留下来,以此更好地教育青少年,不忘记过去的苦难,珍惜今天的幸福生活。

庚伢子的苦难童年

1947年，雷锋的母亲死后，7岁的小雷锋成了孤儿，贫苦的叔公收下了这个可怜的孩子。叔公家的日子也过得紧紧巴巴，常常吃了上顿没下顿。雷锋年纪虽小，但生活的磨难，使他过早地懂事和成熟了。为了减轻叔公家的负担，小雷锋经常上山去砍柴、放牛，做一些力所能及的事。

每当小雷锋的身影在哪家门口出现，哪家就叫他："庚伢子，来吃口饭吧！"小雷锋胆怯地靠拢桌子，他往嘴里扒着饭，眼泪禁不住扑扑簌簌地往下掉。

小雷锋再也不忍心给叔公家和乡邻们增加负担了。1948

年一开春，他就瞒着叔公开始沿门乞讨去了。

讨饭，有谁能体会到其中的滋味？穿得破烂不堪的小雷锋，光着一双脚，拿着一只破碗，背着一个黑布袋，一家一家地哀求着，“爷爷，奶奶，伯伯，婶婶行行好吧！给一点吃的吧！”那凄楚的声音，那饥饿的目光，那黑糊糊枯瘦如柴的小手，令人心酸泪流。有一次，可怜的小雷锋东一家西一家地讨了一天，也没有讨到什么吃的东西，饿得他两腿打颤，虚汗直冒。他壮起胆子向一扇朱红大门走去，还没等他喊开门，一条恶狗就窜了过来，对着小雷锋狂叫不止，吓得小雷锋一边用木棍打一边跑。这时地主婆从屋里走出来，看见小雷锋用木棍打他的狗，便破口大骂：“你这小叫花子，好大的胆……”说着便唆狗咬雷锋，小雷锋哪里躲得过，恶狗猛扑过来，一口咬住了雷锋的大腿，顿时鲜血直流。小雷锋疼痛难忍，大哭起来……

也不知在外流浪了多久，一天，小雷锋终于回来了。他老远就喊：“叔婆！”叔婆赶紧从屋里奔跑出来：“是庚伢子回来了吧？”叔婆仔细一看，见庚伢子瘦得不成人样，一身又脏又臭，叔婆一阵心酸，一把搂住小雷锋的头泣不成声地说：“伢子，你再莫去讨饭了，我们喝粥多放一碗水，有叔婆在，就不会把你饿死的。”听了叔婆的话，小雷锋在外受的苦和委屈一下涌上心头，他扑在叔婆的怀里大声地痛哭了起来。

原望城县安庆乡乡长　彭德茂

优秀少先队员

全国优秀少先队员评选标准
（关于评选“全国优秀少先队员”、“全国优秀少先队辅导员”、“全国优秀少先队集体”的通知）

（一）年龄在 6–14 周岁的中、小学少先队员；

（二）努力争当“四好少年”，并在一些方面取得突出成绩，是少年儿童身边真实、可学的榜样；

（三）对党和社会主义祖国有朴素感情，有国家意识，热爱队集体，组织意识强，模范遵守队章，积极参加队的活动；

（四）有爱心、良好的道德行为习惯和劳动意识、科学意识，在学校、家庭、社会日常表现好；

（五）具有较强的创新精神和实践能力，兴趣爱好广泛，努力锻炼强健体魄，培养良好的心理素质；

（六）近 3 年内获得过省级共青团、少先队组织、教育行政部门表彰或为国家赢得荣誉、在社会上产生积极影响。

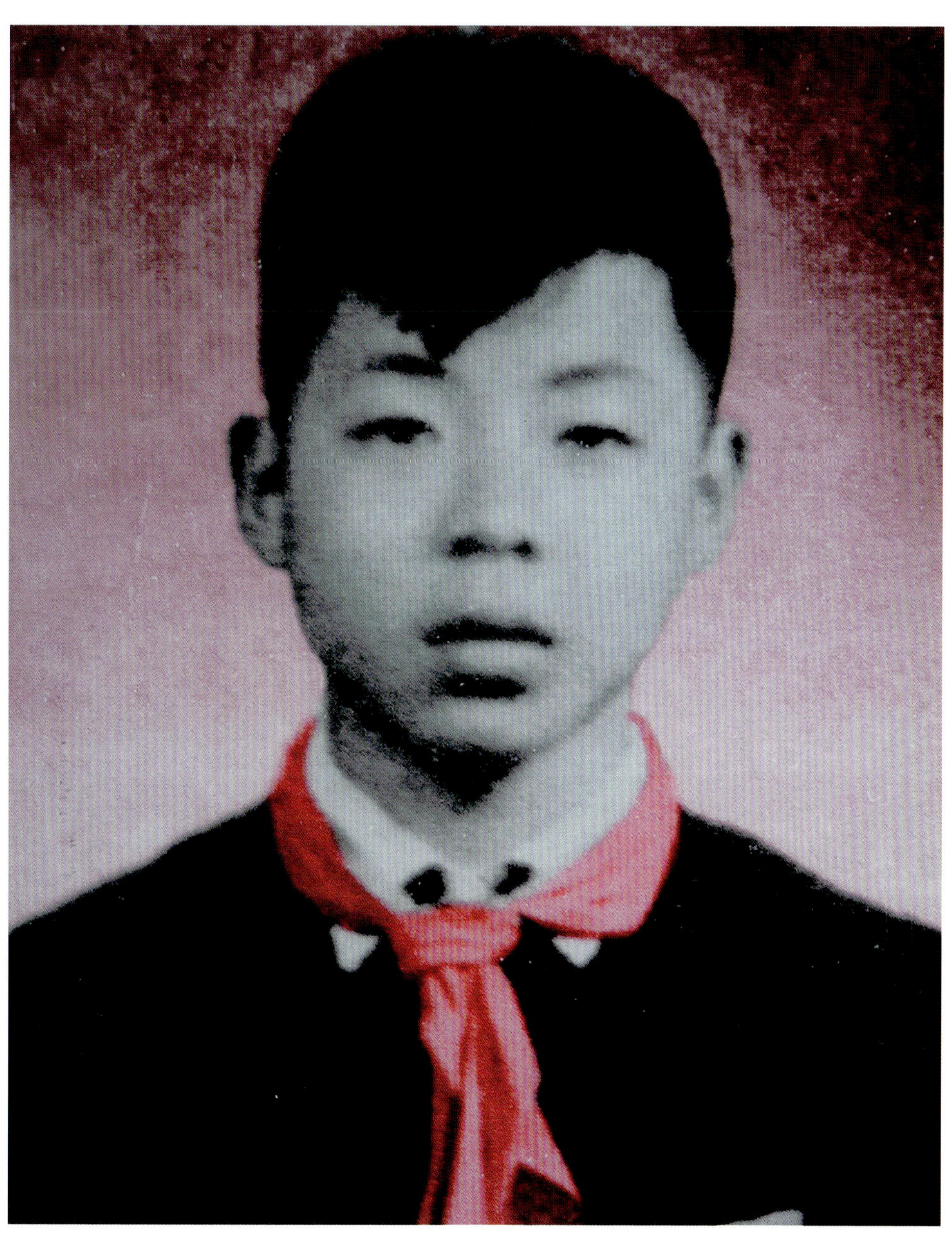

1954 年，雷锋加入了少年先锋队。这张红领巾照，是目前发现的雷锋第一张照片，拍摄于望城县照相馆。摄影：戴杰

1 2

1.1955 年，雷锋由清水塘完小转入荷叶坝完小。这是雷锋所在的五年级四班全体同学与老师们的合影，前排左三为雷锋。摄影：戴杰

2.1956 年 7 月，雷锋以优异成绩在荷叶坝完小毕业。这是毕业班合影。前排左九为雷锋。摄影：戴杰

实现夙愿进学堂 雷正兴是好少年

1950 年初秋的一个早晨，五彩缤纷的朝霞托出一轮鲜艳的旭日。顿时，金灿灿的阳光洒满大地，晶莹的露珠在葱绿的禾苗上熠熠闪光。在碧绿的田野与青翠的小山包交界处的龙迴塘小学（原刘家祠堂）内，这天热闹非凡，因为今天是学生开学报到的日子。

我们正在张罗着学生报到的时候，听到一个沙哑的招呼声："李老师，辛苦了！报名的学生还真不少！"我抬头一看，原来是彭德茂乡长，便连忙打招呼：

"哟！是彭乡长啊，您这么早送谁来读书呀？"

"这个雷庚伢子不满 7 岁就成了孤儿，真是苦水里泡大的！我们研究了一下，决定免费送他读书。这孩子就交给你们啦！""好！"我忙回答。只见在彭乡长身旁，站着一个矮小的男孩，穿着朴素洁净，圆圆的脸庞上，荡漾着喜悦的神色，浓黑的眉毛下，一对炯炯有神的大眼睛，不停地东瞧瞧，西看看，显得格外机灵活泼。

我看着雷锋可爱的模样，禁不住和他絮叨起来："叫什么名字？”

“雷正兴。”我连忙拿起笔，在报到册上写下他的名字。

“几岁了？”

“快满10岁了。”

“想上学吗？”

“老师！我要上学，我要读书！”

彭乡长抚摸着他的头说：“庚伢子呀，过去，穷人家的孩子要进学堂是不可能的，你家几辈子都没有识字的；现在，你可要发愤读书，学好本领，将来为建设好我们伟大的祖国出力。”

“嗯！”雷锋点着头。

学校正式上课的那天，雷锋起了个大早，背着小书包，迎着朝霞，第一个来到了学校。

“李老师！”雷锋很有礼貌地叫着。

“啊！雷正兴，你怎么来得这么早？快点进来呀！”

“老师，报到时彭叔叔和您对我讲的话，我回家后想了很久很久，毛主席是我们穷苦人的大救星。所以，我今天特意早点来，请您教我写‘毛主席万岁’。”

我见雷锋无限热爱毛主席，心里有说不出的高兴，连忙回答说：“好，我就来！”

我牵着雷锋的手进了办公室，并对雷锋说：“希望你以后听党的话，做毛主席的好学生！”

“好，我一定努力，做毛主席的好学生！”雷锋点着头说。

我先用毛笔在一张纸上端端正正地写上"毛主席万岁"，接着就把这五个字的笔画名称和执笔方法一一告诉雷锋，雷锋聚精会神地望着，跟着我一句一句地念着笔画的名称："一撇、一横、一横、一竖弯钩……"

开始，雷锋写出的字斜斜歪歪，他非常焦急地问我："老师！为什么我的字总写不好？"

我说："勤学苦练，字就能写好。"

他于是坐下来认真地练呀练。把"毛主席万岁"这五个字写了一行又一行，一页又一页……

雷锋，就这样怀着对党对毛主席的无限热爱跨进了学堂，开始了他的求学生涯。

1950 年我在望城县第一区龙迴塘小学教书，为雷锋 1–3 年级班主任老师。当时雷锋叫雷正兴，不仅是班上一个品学兼优的学生，而且是一个学以致用的优秀子弟。他善于把党的教育方针和学校的教学指导思想及老师的言语融会贯通。正如他后来在日记中写的"牢记在思想上，溶化在血液中，落实在行动上"。往事悠悠，回忆起来，就如昨日。

1951 年美帝发动侵朝战争，我党紧急号召抗美援朝，我校立即行动起来搞了一次抗美援朝捐献活动。老师在会上讲完抗美援朝的重大意义后，雷锋立即站了起来激动地说："抗美援朝是全国人民的爱国行动，也是我们的光荣义务，我只有两角钱，一不买糖果，二不买玩具，现在拿出来支援朝鲜，打倒美帝！”钱虽只有两角，话虽只有几句，但他是一个父母双亡、依靠叔公生活的穷孩子，把仅有的钱全拿出来捐献的行动，带动了全校学生，捐钱的、献物的，送衣服、鞋、帽的络绎不绝，引发了一个轰轰烈烈的抗美援朝的爱国热潮。

1952年仲秋的一个星期天，烈日炎炎，雷锋头戴草帽，汗水把满身湿透，突然来到我的面前说：“老师，我们小小年纪怎样为人民服务？”我说：“为人民服务就是为人民做事，只要是为人民做事，不管年龄大小都是为人民服务……”恰好窗外传来“哦唧、哦唧……”的土车子声，雷锋“哦”了一声，立即站起来说：“我知道了。”说完就往校外跑。我们的学校地址就在黄花塘岭下，正处在黄花塘粮仓的要道旁边。我走出去一看，雷锋正拖着一部农民送爱国粮的土车子往岭上走去，上过岭后，又下来拖第二部，就这样一部接一部拖，直至夕阳落山，送爱国粮的车子已尽才回家休息。第二天他来到学校深有体会地说：“帮助农民伯伯拖车子送爱国粮也就是为人民服务。”

雷锋通过拖送爱国粮车对为人民服务的思想有了初步体会以后，助人为乐的精神亦在生长，特别是在校的所作所为，是我亲眼所见。他经常帮助低年级同学做好值日工作，不管烈日熏风的夏季，还是冰封雪舞的寒冬，雷锋总是先挑几担清水，把干燥的地面洒湿后，再拿锄头畚箕把坑里的污泥清理干净，再与小同学一道扫地、抹桌椅和门窗，直到检查合格才回家。他这种助人为乐的精神是长期的，不是一阵风，每学期从开学起直至放假止，期期都是如此。

有人说："雷锋课外活动多，不知成绩又如何？"我认为雷锋虽有不少助人为乐的课外活动，但并没有影响其学习成绩。因为雷锋是一个天性聪颖、脑子灵活、勇敢诚实、做事果断的孩子。加上父母早死毫无半点娇生惯养的习气，在贫苦的环境中锻炼了独立思考的能力，自己完全能处理好自己的事情。他既要读好书，做好作业，还要搞好家务劳动，三者不可废一，他能够全面做好。我问过他，"你为什么这么多事还能全面好？"他说采用了毛主席"各个击破"的战略战术，归纳起来叫做："一问、二抓、三补的方法。"一问：就是上课时没有听懂的问题，向老师提出一定要问懂为止，因此课堂上讲的课就不存在问题了；二抓：上午布置的作业中午抓紧时间做好，下午布置的作业，晚上抓紧时间做好，因此作业就不存在问题了；三补：就是上午耽误的下午补，下午耽误的晚上补，晚上耽误的第二天早上补。所以他能够全面完成作业，家务劳动也就没有耽误。每个学期期终总评，雷锋的学习成绩都名列前茅。当时他确实是一个品学兼优的三好学生。

……

编自原望城县龙迴塘小学教师李扬益

《实现夙愿进学堂，雷正兴是个好少年》

忆雷正兴考上高小以后

1954年，一个阳光明媚的日子，望城县第二高小（后改为清水塘完小，现为清水塘中学）五年级新生发榜了。消息传来，雷锋怀着激动的心情直奔学校，挤入看榜的人群，眼睛盯在红榜上搜寻自己的名字。这时，一位小伙伴兴奋地喊道："雷正兴！你榜上有名。考上了！"雷锋考上高小的喜讯传遍了四方，亲戚邻里都祝贺他"中举了！"恭喜说："雷家后代有希望了。"

开学的那天，他换上了一件新衣，挎着书包，迎着朝霞，高高兴兴地来到学校。校门前柳枝婆娑，花儿争妍，校园里洋溢着欢声笑语。这美好的一切，使他想起在旧社会惨死的亲人，禁不住潸然泪下，久久地沉默着：如果他们在九泉之下有灵，定会高兴极了……他捧着刚发下来的新书，映入眼帘的是慈祥的毛主席的画像，心情无比激动，似乎有多少话要向毛主席倾诉。他在第一篇周记里这样写道：在那万恶的旧社会，我家受尽了地主的残酷压迫，过着牛马不如的生活，祖祖辈辈没有进过学校门……今天，我进高小读书了，多么幸福啊！我要为毛主席争光，为雷家争气，克服一切困难，认真读书。长大了，做一个有出息的人。

雷锋是这样写的，也是这样迎着困难上的。雷锋家住黄花塘附近的简家塘，离清水塘学校足有十里。每天起早摸黑，来回要步行20多里的路程。放学回到家里，烧饭、洗衣等家务劳动，都要自己动手。节假日也得不到休息，不是上山砍柴，就是下地种菜，干农活。十二三岁的雷锋个子矮小、身体瘦弱，实在难以承受，然而再大的困难也难不倒他。他各科成绩稳步上升，积极参加各项有益活动。一次晚会上，班主任发现雷锋趴在课桌上，双手捂住肚子。从一个同学那里了解，才知道他由于头天晚上着了凉，肚子痛得厉害，这天早上，连早饭都没吃，就来上学了。由于童年时经常挨饿，他患上了胃病，如今胃痛经常折磨着他，而他总是带病坚持上学，从不迟到早退、无故旷课。对老师布置的家庭作业，他总是认真按时完成，从不马虎潦草、缺交拖欠。

雷锋勇于克服困难，坚持上学的事迹和顽强刻苦学习的精神，赢得了大家的赞扬。当班上评定学杂费减免时，同学们异口同声，一致通过雷锋的学杂费全免，并提议，照顾他早点放学回家。这时，雷锋站了起来，婉言谢绝大家的关心，诚恳地要求把减免学费评给那些困难更大的同学，并一再表示：困难再大自己也能克服。

学校少年先锋队大队部决定在我们五年级组建中队，发展新队员。喜讯传来，全班一下沸腾起来。连日来，班主任和大队干部组织同学学习队章，讲解队旗和红领巾的由来，讨论入队条件，动员同学们以实际行动，争做一名少先队员。在这些日子里，每个同学都渴望早日戴上鲜艳的红领巾，雷锋迫切地要求进步，处处严格要求自己，事事抢先带头，急切地盼望这一天的到来。一次，班上选派代表参加六年级举办的“我爱红领巾”的中队活动，同学们一致推选雷锋出席。在活动中，看到六年级的哥哥姐姐佩戴着鲜艳的红领巾，在鼓号齐鸣声中，高举队旗，迈着整齐的步伐走进会场，举行入场仪式。听到辅导员和中队长讲队旗、红领巾的意义，讲刘胡兰、方志敏、王二小等革命英雄的故事，他激动不已，表示一定要以实际行动，争取早日加入中国少年先锋队，做共产主义接班人。活动继续进行着，“击鼓传花”的知识问答赛开始了，雷锋和大家一起参加了竞赛活动。在一阵紧锣密鼓声中，花朵在一双双小手中迅速传递，突然，鼓声一停，花朵恰好落在雷锋的手上，他一下愣住了，脸上绯红。在同学、老师的热烈掌声中，他轻步走过去抽出一张纸条，上面写着：“请你讲讲红领巾的意义。”他吸了一口气，让自己镇定下来，走向会场中心，说道：“光荣的红领巾，就是无产阶级革命红旗的一角，是用革命先烈的鲜血染成的。我要争取入队，做一名少先队员。”他的话音刚落，全场又一次响起了热烈的掌声。这次活动进一步加深了雷锋对共产党和少先队的认识，他以无限的深情，递交了入队申请书。

新队员宣誓大会快到了，校门口贴出了光荣榜，雷锋榜上有名，被批准入队了，成了班上首批发展的队员。宣誓那天，天刚拂晓，他穿上洗得干干净净的蓝裤子、白衬衣，精神抖擞地走进了学校礼堂。在宣誓大会上，新队员入队仪式开始了，我带领他们站在队旗前，庄严地宣誓。然后辅导员把鲜艳的红领巾戴到新队员的脖子上。雷锋抚摸着胸前飘起的红领巾，无比激动。在新队员讲话时，他第一个跃上讲台深情地说：“我心里有许多话要讲，但激动得一时说不出来。我是个孤儿，今天光荣地入队了，从此有了自己的组织，孤儿不孤了。今后，我必须努力学习，以实际行动争取更大的进步，做一个优秀少先队员。”

雷锋在校不仅努力学习，还非常喜欢文艺活动。平日，总是喜欢找来一些文娱活动资料，利用课余时间组织同学排练，并乐于当小导演，每次演出他都要登台表演。有一次，在推山完小举行文艺联欢晚会，礼堂里灯火通明，座无虚席。演出前，大家互相拉歌，互不相让。歌声、掌声、欢呼声，此起彼伏，一浪高过一浪，气氛十分热烈。雷锋看到文体委员凌小俐累得不行了，马上从她手中接过指挥棒，继续指挥同学们唱歌，向兄弟学校挑战。

为了使这次联欢活动搞得更好，两所学校商量各校再出一个节目。由于事先没有准备，我们老师都非常着急，雷锋听说后，马上主动抢任务："张老师，让我来演吧！""你演，一个人能行吗？"我当时反问道。

"我与文体委员凌小俐一道演出《小锯子》吧！"

以前，雷锋与凌小俐曾一道表演过《小锯子》，演出后很多同学曾调皮地笑过他俩，雷锋从没把它放在心上。今天又主动出来为学校解难，我们都不由得很佩服雷锋的胆量，赞叹他一心为集体着想的优良品质。文艺演出正式开始了，节目一个接一个地进行着。报幕员报道："下一个节目，舞蹈《小锯子》，由荷叶坝完小雷正兴和凌小俐演出。"话音刚落，雷锋便拉着凌小俐的手直奔舞台，边走边说："我们是少先队员，是兄弟姐妹，怕什么，一定要为集体争光……"

演出时，他俩手拉着手，边唱边舞："小锯子，亮光光，喀嚓喀嚓亮光光；你来我往忙又忙，我来你往忙又忙……"清脆的歌声，优美的动作，在风琴的伴奏下，赢得了全场观众的有节奏的掌声，观众也情不自禁地轻声伴唱。辅导员老师伸出大拇指夸奖他们，雷锋红着脸说："若不是老师平时精心辅导，我们就不会有今天的成功！"

原荷叶坝完小教师、校长

张仲明

机关工作模范

优秀公务员评选条件
(公务员奖励规定[试行])

(一)忠于职守，积极工作，成绩显著的；

(二)遵守纪律，廉洁奉公，作风正派，办事公道，模范作用突出的；

(三)在工作中有发明创造或者提出合理化建议，取得显著经济效益或者社会效益的；

(四)为增进民族团结、维护社会稳定做出突出贡献的；

(五)爱护公共财产，节约国家资财有突出成绩的；

(六)防止或者消除事故有功，使国家和人民群众利益免受或者减少损失的；

(七)在抢险、救灾等特定环境中奋不顾身，作出贡献的；

(八)同违法违纪行为作斗争有功绩的；

(九)在对外交往中为国家争得荣誉和利益的；

(十)有其他突出功绩的。

雷锋送给县委书记张兴玉妻子郑桂仙的照片，背面写着：“赠给老郑同志留念，雷正兴 1957 年 1 月 7 日”。

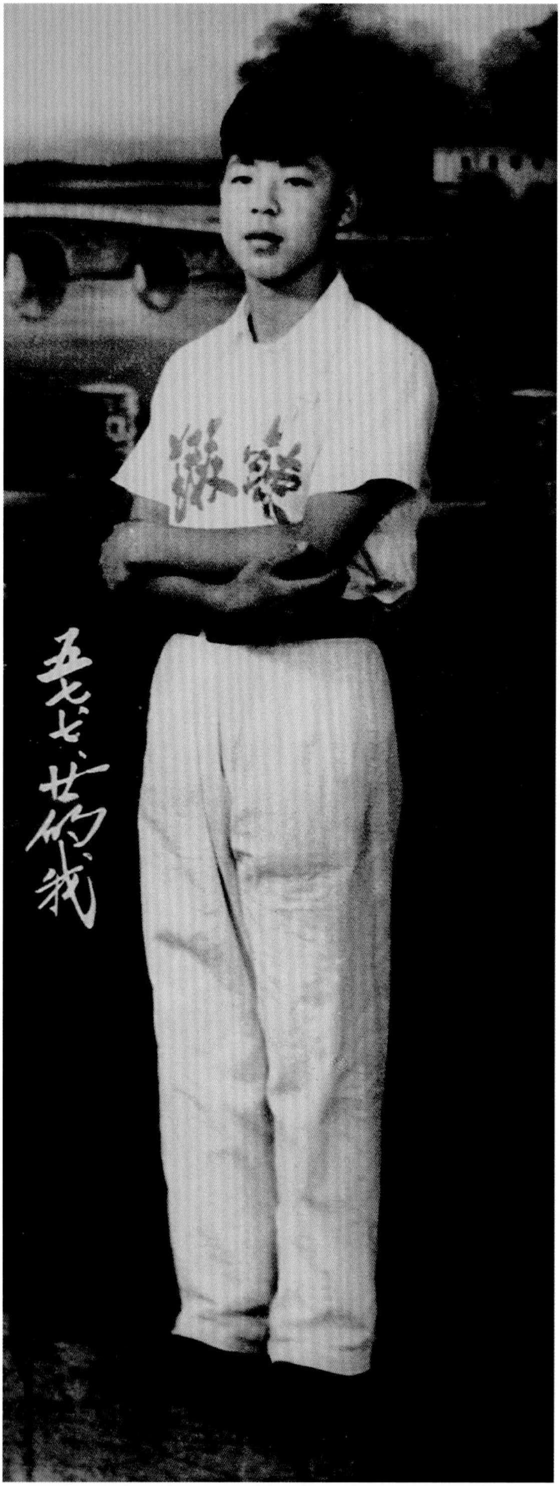

五七、七、廿的我

1.1957 年 7 月 20 日，雷锋在望城县县委工作时的留影。摄影：戴杰

2. 雷锋响应党的号召，从县委机关下到农业生产第一线，当了一名新式农民。图为他在团山湖农场当拖拉机手时拍摄的照片。摄影：戴杰

3. 县委书记张兴玉非常喜欢勤奋、好学、机灵的雷锋，经常给他讲革命历史和英雄人物故事，其言传身教对雷锋的成长进步发生了潜移默化的影响。这是雷锋和望城县县委领导的合影。前排右一为雷锋，右二为张兴玉。摄影：戴杰

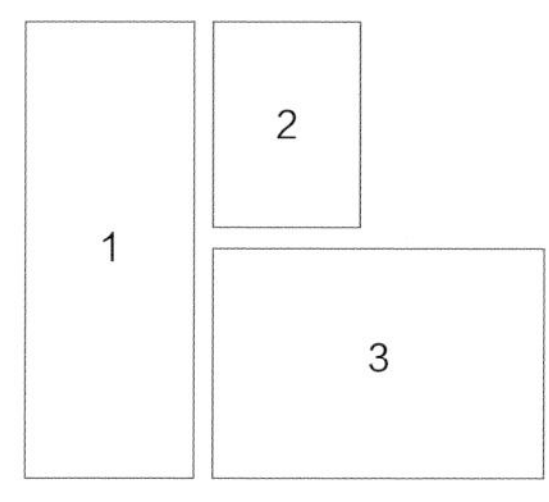

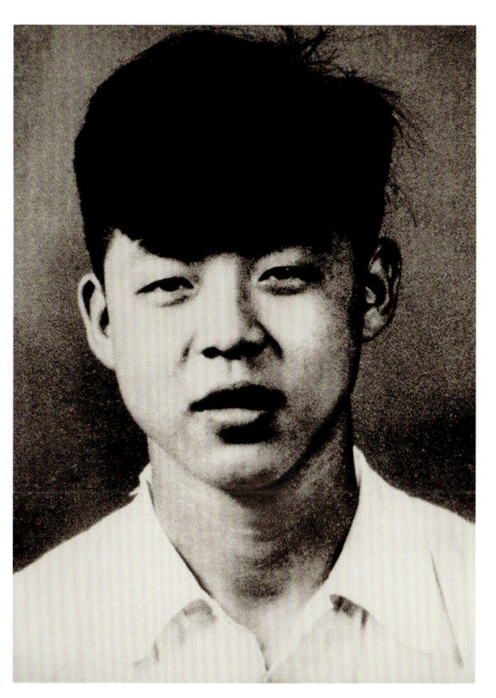

伟大的战士我们的榜样

伟大的战士雷锋同志，虽然只活了22岁，但他那崇高的共产主义思想品德和伟大的革命精神，却永远活在我们心里。

1956年秋，因县委通讯员陈厚明参军去了，急需要一个年轻人来顶替小陈的工作，我便跟县委组织部的干事黄菊芳同志和望岳区区委书记祖竹林同志商量，要他们帮我物色。当时他们告诉我，安庆乡政府有一个秋征统计员，高小毕业，是个孤儿，叫雷正兴，很诚实，勤快，工作积极肯干。我听了介绍挺满意，也就同意了。

一天下午，我正在县委办公室处理文件，突然有人急急地敲门，“张书记！张书记！”我拉开门一看：“嗬！是彭乡长来了，快请里边坐。”彭乡长笑着对我说：“张书记，我给你把小雷送来了。”这下我才注意到他身后还跟着一个十五六岁的少年，个头不高，穿着蓝衣青裤，有几个补丁，但却洗得干干净净，手里拎着一个包袱。少年见到我显得有点紧张，怯怯地叫了一声“张书记”，那窘相活像一个很少出门的农家闺女。

雷锋是一个孤儿，年纪又不大，到县委工作以后，无论是在生活方面，还是在学习、工作方面，我都是极力给予关心、爱护和指导，使他感到生活中有爱有温暖。懂事的雷锋也就把我和我的家人当成自己的亲人，在雷锋的眼里，我既是党的代表又是他的父辈。所以我们相互之间的感情也就越来越深厚，雷锋在我这个县委书记面前也就不像初来时那么拘谨了。我外出开会或下乡总是将他带在身边，经常给他讲些革命斗争故事，雷锋也经常向我提一些问题。

在雷锋同我接触的两年多时间，他突出地表现了忠实于党，忠实于人民；听党的话，听毛主席的话。雷锋的童年是很苦的。由于国民党反动派和地主阶级的迫害，他在7岁时就成了家破人亡、无依无靠的孤儿。后来讨饭时，因打了地主家的狗，被砍伤。他只好带着愤恨和“复仇”的心，回到六叔婆家。这样，从小就在他的心灵深处种下了深刻的阶级仇恨。解放后，党和人民政府给他治病，免费送他读书，并在土地改革中，为他、为所有受苦受难的贫苦农民报了仇。因此，他常常怀着无限感激的心情对人说：“党从九死一生中救了我，党给我报了仇，这是我永世也不会忘记的。”他那时还不完全懂得这是整个阶级的仇恨，还把仇恨局限在压迫他家的那户地主身上，认为镇压了欺压他家的地主，他的仇也就报了。还处于感性认识阶段，没有上升到理性认识；而雷锋此时正值理想、信念和人生价值观形成的关键时期。从此我便经常有意识地引导他接受马克思主义理论教育，让他对社会主义革命和建设有更深刻的认识。于是针对他的思想，经常对他说：“小雷！你过去的苦，和所有劳动人民是一样的，世界上比你苦的人还多得很呀！地主压迫劳动人民是‘天下乌鸦一般黑’，不仅是你受了地主的苦，而是整个民族、整个阶级都受过你这样的苦。”“怎样才能结束这个苦呢?”雷锋问道。“只有全世界无产阶级联合起来进行革命,消灭阶级压迫和阶级剥削,才能报阶级的仇恨,使所有的劳动人民跳出苦难的深渊。”我和县委领导同志还诱导雷锋要经常学习革命道理,常常想想过去的苦,不要忘记过去的苦,它能帮助自己理解怎样革命,推动自己更好地革命。经过这些教育的雷锋不仅懂得了自己的苦和整个阶级、民族的苦的联系,而且明白了在幸福的今天,决不能忘掉痛苦的过去,不能因为自己已经翻身,过着幸福的生活,而忘记劳苦大众。使他逐渐地把自己的前途和整个革命的前途真正连接在一起。

雷锋在党的抚养下,得到无限的温暖,深刻地认识到党和人民政府比自己的亲生父母还亲。

在雷锋到县委机关工作后的一天晚上,我和他进行了一次长谈。首先我要雷锋讲一讲自己的家史,讲一讲他童年的生活。雷锋从祖父在年关被地主逼债而死的情形一直讲到他的最后一个亲人——母亲饮恨离世,足足讲了两个小时。讲到五个亲人的惨死,雷锋常常抑制不住伤心的眼泪,甚至失声痛哭。雷锋又对我详细地讲了他成为孤儿以后的生活情形。当讲到自己成为孤儿后一次上山砍柴,被地主婆夺过柴刀砍伤手这件事时,雷锋问我:“张书记,你家是什么情况?北方的地主是不是和南方的地主一样,都对穷人这么狠呢?”我对雷锋说:“天下乌鸦一般黑,在旧社会我也是受苦人,与你比,只不过是程度不同而已。”并从历史的角度给雷锋讲了几千年来地主老财不劳而获、劳动人民受剥削压迫的事实。他听了以后，非常激动地说："在旧社会，我一家五口只剩下我一个人，党和人民政府救了我，不但帮我报了杀亲之仇，而且还送我读书，给我工作做，这是我做梦也没有想到的事。"还说："现在与过去比，那是天壤之别，如今是落在福窝里。张书记，你说得对，希望今后多帮助我，多教育我，指导我多学习一些革命的理论，我绝不会辜负领导的期望。"这时，我又进一步引导他认识幸福的由来，告诉他应该怎样去保住这种幸福。我对他说："小雷呀！你的解放，就是因为无产阶级革命的胜利。这个胜利是来之不易，它是无数革命先烈和无数革命英雄经过流血斗争才换来的。"并说："你已长大了，应当更好地热爱党、热爱毛主席，向革命英雄学习，创造条件，实现一个人一生的三件光荣事：在已经是少先队员的基础上，争取早日入团入党。"在我和县委领导同志的教育下，他决心用实际行动，保卫好无产阶级革命的胜利果实。这以后他先后买了许多有关思想修养的书刊，如饥似渴地读了《钢铁是怎样炼成的》《把一切献给党》和关于黄继光、董存瑞、刘胡兰等许多英雄故事。只要有空，他就埋头学习。他除了向书本学习之外，还经常要求领导同志给他讲革命故事，如"八一"南昌起义、井冈山会师、红军二万五千里长征、抗日战争、解放战争等等。他常常被先烈们的英雄事迹感动得流泪。他认为：这些英雄人物原来也是普普通通的人，只是因为他们坚定不移地跟着党走，不折不扣地听党的话，把党的利益看得高于一切，才逐渐成为真正的英雄。自己的解放原来就有这无数的革命英雄的功绩啊！因此，他经常感慨地说："我比起他们来，真是连百分之一也不如。"他便下定决心，要坚定不移地跟党走，要坚持不懈地向英雄学习。他还经常表示：不论什么狂风暴雨，山高水险，都要冲破困难，永远听党的话，听毛主席的话，沿着党指引的方向前进。1957年2月，他光荣地被吸收为共青团员。

雷锋的阶级觉悟逐渐地在提高，他懂得要建设好社会主义和共产主义，还有许许多多的革命工作要做。凡是祖国需要的工作，都是光荣的、伟大的，没有什么贵贱高低之分，都要努力去干好。所以，在望城县委机关工作的一年多时间里，他不仅苦干实干，而且从来不讲条件，处处表现得很好。他管理公共财产有条不紊，很少亏损；房间地面，经常打扫得干干净净；招待殷勤，服务周到，很有礼貌，没有哪个不喜欢他、不赞扬他的。有些不是他的事情，只要有利于别人，他也积极主动去做。有一次，我家属郑桂先拿5元托他给小孩买帽子。他后来点钱时发现有两张5元的票子，回来就问："老郑，你是给我5元钱，还是给了10元钱呢？"郑桂先说："我只给了你一张5元的！"他说："不是吧！我袋子里没有别的钱，别人也没有给我钱，一定是你数错了！"经过清查，果真是郑桂先弄错了。从这件事就可看出，雷锋从小就是忠诚老实的。

1958年，雷锋刚18岁，个子也不高。但是他一颗红心向着党，要求党给他更多的工作做。这年，在治理沩水工程时，他看到机关干部大部分都参加了，便再三申请要参加。批准他去后，本来分配他专职搞通讯，但是他在完成自身任务以后，总是自觉地积极地参加挑土或运土，还嘱咐要多上点。他经常起早贪黑地干，被评为工地模范。后来，县委提出在团山湖开办农场，他又是第一个报名，要求去参加农场的建设。他还把自己多年积攒下来的20多元钱，全部捐献给农场买拖拉机。他到农场以后只过了1个多月时间，就学会了开拖拉机。他以忘我的劳动和突出的成绩，当上了社会主义建设积极分子。他取得了成绩从不在别人面前夸耀，总是谦虚地说："建设社会主义，多贡献自己一份力量是应该的。现在年轻就应该多做一些，但同最先进的比起来，我还差得很远，评了我反使我感到不安，我要做的事还多着哩！"这年冬天，他毅然地告别故乡去鞍钢开推土机。从参加社会主义建设，直到拿起武器保卫祖国，在各个工作岗位上，都表现了他的革命责任感是多么地强烈！正是在日常的、普通的工作中，他表现了高尚的品德。现在，雷锋同志已经因公殉职离开我们了。但是，他爱憎分明的阶级立场，高尚的革命品德，全心全意地为人民服务和刻苦学习毛主席著作，不断改造自己的精神，艰苦朴素的优良作风，将永远留在我们记忆中，成为每一个革命者和广大青年的榜样。

原中共望城县委书记　张兴玉

暴风雨之夜　在灯下话别

1958年，从4月底直到5月12日，雨几乎下个不停，降雨量高达414.9毫米，这是历年来降雨最多的一次。湘江、沩水河的水位一直在警戒线以上。县委、县政府及时组织民工防汛抢险。

在团山湖农场防汛抢险中，工作量最大的要算排渍和挑堰峰。为了使防汛、生产两不误，我没有安排雷锋上堤防汛，只要他和师傅们继续开荒垦地。但雷锋一下班就来到河堤，不是挑土，就是车水，忙个不停，像个不知疲倦的人。他很活跃，同志们很爱逗他唱歌。他也不推辞，说唱就唱。他唱的歌词，有的是“捡”来的，有的是自编的。我记得他曾经唱过一首：

垅中清水似汪洋，
英雄排渍日夜忙。
稻田绿遍水排尽，
活活气死老龙王。

这首歌对大家鼓舞很大，激发了同志们战天斗地的劳动热情。

由于汛期长，河堤泡水时间久，后来堤身开始发软，堤基到处发生渗水现象，险情也不断发生。

5月12日，我接到县防汛指挥部的电话，说今晚还有更大的洪峰到来，各垸要积极作好防汛准备。农场防汛指挥部立即开会，布置了当晚的防汛工作。这天黄昏，雷锋又跑上河堤，投入挑土筑堰的战斗。我一眼瞥见他，忽然想起一件事来，连忙问道："小雷，拖拉机停在哪里？"雷锋说："我们计划今晚要开夜班，就停在四工区的坪塘围下面。"我琢磨着：这个鬼天气，万一堤倒垸溃，两台拖拉机淹坏了可不行。便说："现在要作最坏的打算，你去找李德武，另外还通知农科院的李师傅、黄师傅，说今晚不要开晚班了，把两台拖拉机，包括五部铧犁都拉到果山庙前的高坡上，等过了今晚再说，你快去！"雷锋拔脚就跑。随后，我又命令全体干部职工（包括炊事员）都上堤通宵值班。

雷锋把拖拉机安排好以后，立刻赶回防汛。开始，他看到挑土堰峰的任务比较艰巨，就参加挑土。后来，闸子口附近的堤段出现险情，为了防浪护堤，几十个职工正紧张地捆扎防浪排，忙不过来，雷锋又主动参加了扎排的工作。

深夜1点40分，忽然一阵北风从河对面吹来，掀起了一个个恶浪，朝团山湖大堤扑来。新堤经不起洪水冲涮，突然堤身一抖，我和雷锋所站立的大堤被撕开了一道裂口。"不好，要溃堤了！"我全身一震，马上组织堤上的职工堵口，有的架木条，有的填土，有的挡门板。但是，裂口越撕越大，无论我们怎么努力，也无法堵塞。就在这时，我感到堤身已在移动，后面有位同志将我猛力一拉，我退了好几步，脚下的泥土猛烈崩塌。雷锋还想挑土堵塞。我大声疾呼："小雷，快撤退，你千万要做好那边民工的工作！"风雨中隐隐听到雷锋的回声："知道了……"凶猛的洪水像出洞的蛟龙，怒吼着，咆哮着，以排山倒海之势冲向田野，堤上的人向两边撤退，水把我和雷锋隔得越来越远了。堤岸上乱成一团。大家都担心朋友、亲人、同志出事。我心中一阵隐痛，党和政府交给我的任务没有完成好，感到对不起党，对不起人民。我真想大哭一场，但我又想到自己是场长，是指挥员，在关键的时刻最主要的是沉着、冷静。想到这里，我振作精神，转向同志们说："同志们，别担心，小雷他们不会有事的。现在我们一方面继续观察大堤安全，同时还要注意自身的安全，抓紧时间休息，恢复体力。我设法向县委汇报情况，请求派救生船来。"在场的干部立刻分头出发到各工区清点人数，组织力量加强巡逻。

天亮了，雷锋和一四工区的几十名职工还没有回来，我十分焦急。直到上午八九点钟，他们才满身泥浆赶了回来。雷锋见了我，像孩子一样扑到我的怀里，紧紧地抱住我，用沙哑的声音叫道："李叔叔，我回来了！"我深知他这时的心情，大难之后，这个孤儿多么想念他的亲人啊！我搂着他，抚摸着他的头，含着热泪说："孩子，你受苦了……"

后来，我才了解到雷锋在那个暴风雨之夜，为群众做了很多很多的好事。河堤决口以后，隔在溃口西边的有50多人，其中有一工区的，也有四工区的，大部分是大山区的农业社社员，乍见洪水心里紧张，雷锋带着他们沿着大堤撤退，想绕到徐家桥、周家坝，经下塘铺、刘家山，迂回10多公里往回赶。跑了约两三里路，突然前面人声鼎沸，队伍停止了前进。原来前面大堤上的子堤也被洪水冲毁，切断了前进的道路。大家没有安全感，乱得很。这时雷锋马上安慰大家说："社员们，职工同志们，目前，我们虽然前无去路，后无退路，但是很安全，因为河堤两边都有水，堤身受的压力均衡，不会再发生溃堤的危险了。"大家听后，情绪渐渐地稳定下来。他继续说："我们的处境，厂长和其他领导同志是知道的，他们会千方百计来营救我们的，只要我们互相照顾，坚持到天亮，我们是一定能胜利脱离危险的。"大家信心更足了，团结互助，迎接黎明的到来。风小了，雨停了，天一亮，县委就派来了小水轮，把同志们救出了险区。

我听了同志们的讲述后，激动不已，心里说：小雷啊，你在困难面前永远是强者，你真是暴风雨中的一棵劲草，是党的好儿子！

1958年11月8日下午，雷锋领着一位男同志来到五星人民公社办公室，向我介绍说："李书记，这位是鞍钢来望城负责招工的同志。"听说是远道客人，我忙着起身说："欢迎！欢迎！"这位鞍钢客人向我说明来意，告诉我说："小雷已被录取去鞍钢支援工业建设，今天特来辞行的。”我非常高兴地把客人让进屋里说：“你们的眼力真好，一下就看中了我们小雷，我们也只好忍痛割爱。小雷年纪不大，从小失去父母，你们可要好好照顾他！”接着，我将雷锋的身世以及他在县委机关、治沩工地、团山湖农场的良好表现，详细地作了介绍，鞍钢同志边听边点头，不时地望着雷锋微笑，似乎在说：一个多好的青年。末了，我郑重地强调了一个事实：雷锋根正苗红，已经是一名熟练的拖拉机手，到鞍钢后，希望多加培养。鞍钢同志十分理解地表示，回厂后一定向领导汇报这些情况。

当晚，鞍钢同志在公社留宿，作为对客人的招待与对雷锋的欢送，晚餐特别加了盘红烧鱼和一盘炒鸡蛋，我们在机关的几位领导出席作陪。

晚上，在我的斗室，雷锋与我作了彻夜长谈。“小雷，你在我身边工作一年多，明天要离开，我真舍不得呀！”“李书记，旧社会里，我是个无依无靠的孤儿，是党和毛主席把我从水深火热之中救了出来，先送我读书，后让我参加工作，今天又送我参加祖国工业建设。这一切全是党的关怀与照顾，我一辈子感激毛主席，感激共产党。”“是呀，到了新的岗位，你要继续努力，听党和毛主席的话，服从领导，团结同志。”“我会的。李书记，我到县委机关工作以来，张书记、赵书记、您，还有其他领导和同志，像父母兄长一样关心我、教育我、培养我，使我得到幸福与温暖。说句心里话，我也是舍不得离开你们的，也舍不得离开生我养我的家乡……”此时此刻，他有多少话要诉说，他有多少情要倾吐啊！他终于抑制不住了，一头扑在我的怀里，泣不成声地说：“李书记，李叔叔，我，我……”我也不能自己，噙着泪水说：“小雷，你是个好孩子，要向革命前辈学习，放心去吧，为建设祖国努力奋斗。你热爱家乡，家乡人民也惦记你……”我用一些慰勉的话鼓励他，也想控制住自己的情绪。

皎洁的月光把房屋照得透亮，窗纸上的树影在轻轻摇动。这一夜，我们谈了很多很多。

第二天，朝霞满天，阳光灿烂。早饭后，雷锋背着被子，鞍钢同志给他提了小柳条箱，同志们把他送出机关大门，我一直送他到徐家桥渡口。我抚着他的肩说：“小雷，到了鞍钢要常来信。”雷锋不住点头，泪水噙在眼眶里，强忍着不让它落下来。他双手用力握住我的右手恳切他说：“李叔叔，到了鞍钢后，我一定好好干，决不辜负家乡人民的嘱托，决不辜负您的期望。我会给你们常来信，向家乡人民汇报我的思想和工作。将来，我还会回来看望你们……”他又说不下去了。我强忍住眼泪，把他们送上渡船，望着小船在灿烂的霞光中慢慢驶去……

原治沩工程指挥部副政委

团山湖农场场长、党委书记

李庆发

好工人

全国劳动模范和先进工作者评选条件
（关于召开全国劳动模范和先进工作者表彰大会的通知）

全国劳动模范和先进工作者必须是热爱祖国，坚持四项基本原则，拥护改革开放总方针，并具备下列条件之一者：

（一）在企业发展生产，深化改革，改善经营管理，提高经济效益、社会效益方面做出重大贡献的；

（二）在发展农业生产和农村经济方面做出重大贡献的；

（三）在科研、教育、文化、卫生、体育等事业中做出重大贡献的；

（四）在发明创造、技术改造、合理化建议、技术协作、技术扶贫等方面做出重大贡献的；

（五）在提高劳动生产率，提高产品质量、服务质量、降低消耗以及增产节约、增收节支方面做出重大贡献的；

（六）在环境保护、安全生产、文明生产方面做出重大贡献的；

（七）在保卫国家和人民利益、维护社会安定和增进民族团结、维护国家尊严方面做出重大贡献的；

（八）在社会主义精神文明建设方面做出重大贡献的；

（九）在其它方面做出重大贡献的。

1958 年 11 月，雷锋被分配到鞍钢化工总厂洗煤车间，当了一名推土机手。摄影：佚名

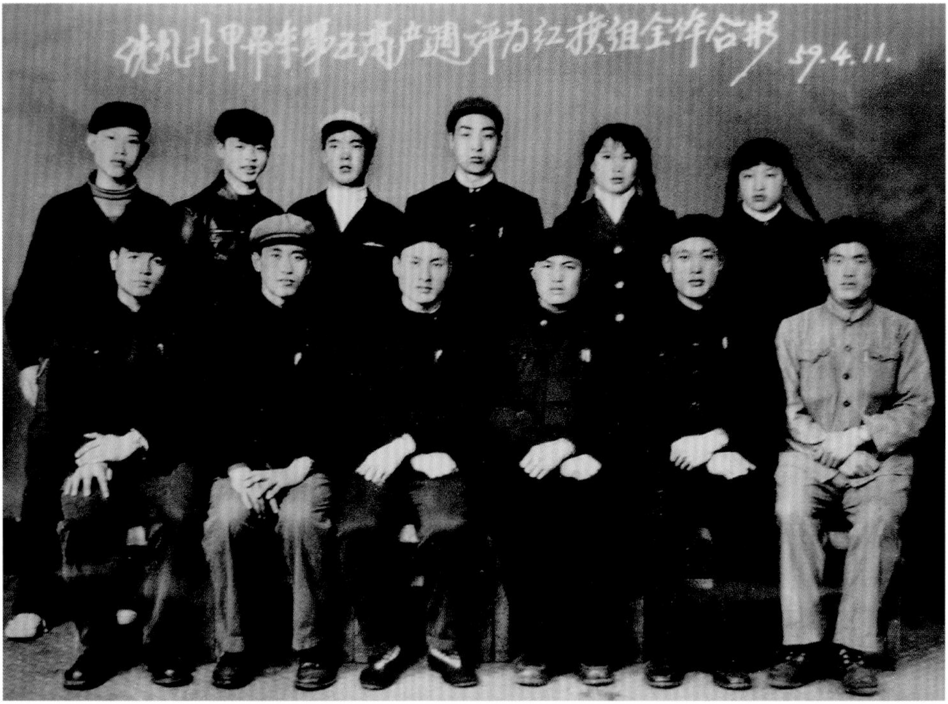

烧轧北甲吊车第五高产週评为红旗组全体合影 59.4.11.

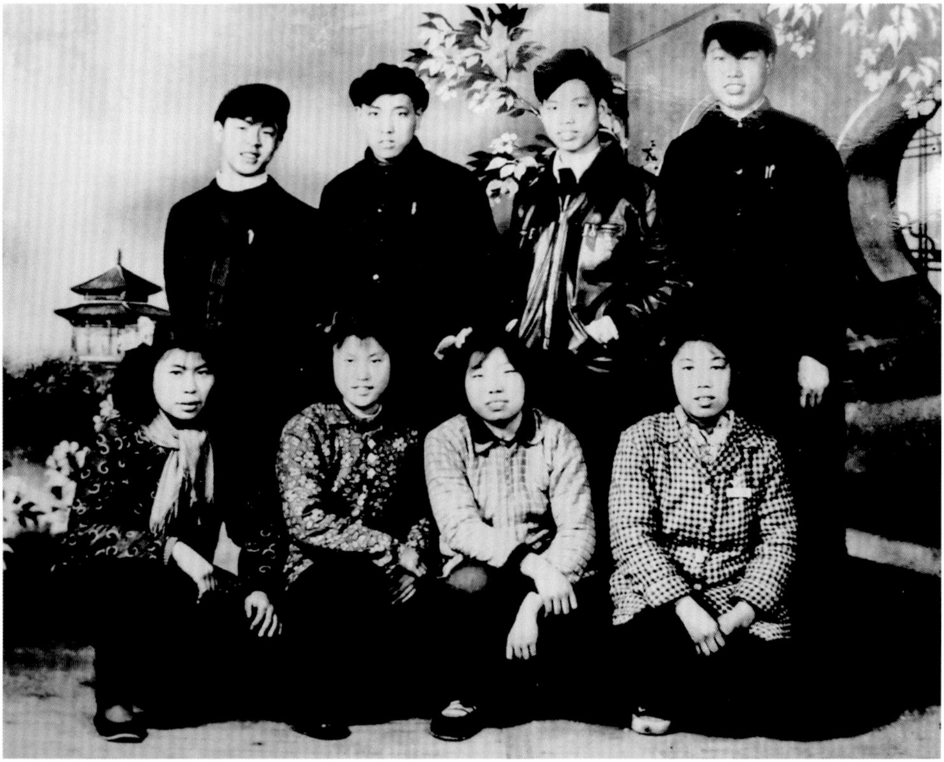

1
3
2

1. 雷锋所在班组 1959 年 4 月被评为红旗组后的合影。后排左二为雷锋。

2.1959 年 8 月，鞍钢在弓长岭矿山新建一座焦化厂，雷锋报名参加了条件艰苦的新厂建设。这是他与一起到鞍钢工作的故乡好友的合影。后排左一为雷锋。摄影：佚名

3. 雷锋虽然只是高小毕业，但他参加工作后一直勤奋学习，利用工余时间完成了初中学业。1959 年初，鞍钢化工总厂举办职工业余文化补习班，雷锋被聘为初中语文教师。他耐心帮教文化程度低的学员，被评为优秀业余教师。

雷峰？雷锋！

雷锋原名“雷正兴”。1958 年，鞍钢和湘钢相继到雷锋的家乡望城县来招收工人，雷锋和好朋友张希文不谋而合，决定一起去报名。当时，雷锋一听到招工的消息，高兴得几乎跳起来，毫不犹豫地表示他要报名去鞍钢，因为那里是国家的钢铁基地，可以大显身手。雷锋是孤儿，没有家庭的牵挂，而张希文还犹豫着是不是要去湘钢。

两个对前途充满憧憬的年轻人，一起走过团山湖新修的漂亮的大堤去县里报名，走到三汊河口的时候，雷锋对张希文说，他现在的名字“雷正兴”是小时候叔公给起的，包含有家道兴旺的意思，但是过去他连家都没有，更谈不上兴旺，他说自己并不喜欢这个名字，一直想改掉它……

雷锋一开始想到的是“雷峰”这个名字，因为那几年他经常在乌山、金山等地工作和生活，觉得登山能登高望远，不会迷失方向。现在正好趁报名当工人的机会，把名字改过来。

不过雷峰又改变了主意，决意改为“雷锋”。因为，全国都在大跃进，全国人民都在大炼钢铁，而自己又要去做钢铁工人。据张希文回忆说，那个时期，雷锋嘴里经常讲的一句话就是“钢铁元帅已经升帐”，而且还带着唱古戏的腔调。

雷锋对张希文解释“锋”字既表达了自己与钢铁结缘，又表达了自己要打冲锋、当先锋的心愿。雷锋接着又建议张希文把自己的名字改为“张建文”，取建设社会主义、建设新文化的意思。

在上个世纪五十年代，像雷锋这样改名字的现象非常普遍，通过改名字来呼应政治运动、甚至表达政治忠心，在当时是一种潮流。把自己的姓名与国家大事结合起来，是那个年代的人对自己所在的时代深感荣幸与自豪的一种表达。故而雷锋对自己新名字的解释，不仅是顺应国家建设和政治话题的热点，还可以看出他那种以国为家、争做先进的强烈心态。

编自《雷锋 1940–1962》三联书店

我们厂的模范工人

……

伟大的共产主义战士雷锋，生前在我们鞍钢化工总厂工作近一年（1958年—1959年秋）的时间，当时我是化工总厂洗煤车间主任。时间虽然已过去近30年了，但雷锋同志的音容笑貌和他的感人事迹，就像发生在昨天一样。

记得雷锋刚分配到我们车间时，是我找他谈的话。当时分配雷锋开推土机。我和他说："你是南方来的人，刚到北方来是有很多困难的，特别是开推土机，又脏又累，比较艰苦,你能受得住吗？有什么困难没有？"雷锋大声说："我的工作请领导考虑,我保证服从领导分配。困难是有的，但我能克服，我一定把工作做好，请领导放心。"

雷锋是这样说的，也是这样做的，他到岗位后，虚心向师傅们学习，不懂的地方就问，对老师傅们也特别尊敬。他的努力没有白费，这使他的技术水平提高很快，在较短的时间里，就能独立工作了。会开车以后，他看到往往由于推土机出故障，找维修工人修理要耽误很长时间，这样就要影响生产。于是,他就利用业余时间向修理工人学习维修技术，在很短的时间内，就基本掌握了推土机的性能和一般故障的排除方法。这样，他在工作时，一发现推土机出故障，就能及时地排除，既节省了维修的费用，又保证了生产的顺利进行。雷锋的这一行动给车间带来很大的反响，他的经验很快在我们车间推广起来。很多工人既能操作又能维修，成了多面手，这对生产有很大的好处。

雷锋爱护设备胜过自己的眼睛，他精心操作，又能精心维护。他一有时间就去保养推土机，从而保证了设备的完好使用。他使用的推土机多次被评为厂和车间的红旗设备，受到领导和同志们的赞扬。

雷锋不但出色地完成自己的本职工作，还能发扬共产主义大力协作的精神。有时他看到别的岗位和同志有困难，就主动地去支援，帮助解决。

雷锋同志平时的生活是比较俭朴的。记得他上下班总是穿一套工厂发的劳动服和大头鞋，同志们劝他买件皮夹克，他刚开始不同意。在青年伙伴们的再三劝说下，他才买了一件半新不旧的皮夹克，但只穿了几次就收了起来。平时，他在生活上从来不乱花一分钱，处处精打细算。

1959 年 8 月间，鞍钢要往弓长岭铁矿调一批人，弓长岭是比较艰苦的，大多数人都怕调去。可是雷锋知道后，几次找到车间要求去支援弓长岭建设。开始我们没有同意，说心里话，像雷锋这样的好同志，我们是舍不得放他走的。但是雷锋同志却说："我所以要去，就是因为我是一名共青团员，弓长岭虽然艰苦点，但这正需要青年人去锻炼一下。为了建设社会主义贡献我的一份力量。"在他的再三要求下，我们只好同意了。

……

编自原鞍钢化工总厂洗煤车间主任
于明谦《回忆我们厂的模范工人》

最美的士兵

优秀士兵评选条件
(军队建设基层纲要)

优秀士兵的基本条件是：政治思想强，军事技术精，作风纪律严，完成任务好。

下士雷锋。摄影：佚名

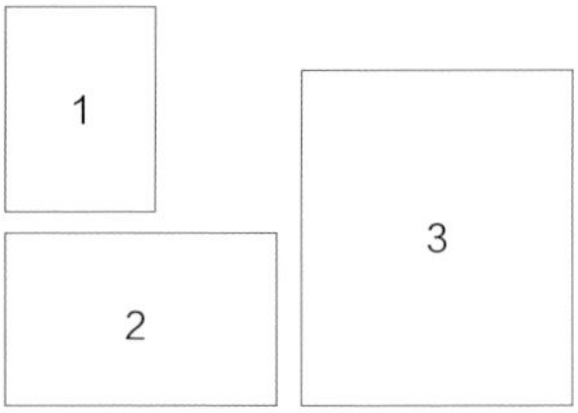

1.1960 年年初，雷锋被批准参军入伍。这是他离开鞍山前，披红戴花在照相馆拍摄的照片。摄影：佚名

2. 雷锋所在的3317部队属沈阳军区工程兵，他被分配到运输连，当了汽车驾驶员。1960年春节，他特意拍摄了照片“奔驰在前线”，还自豪地赋诗一首，题为《穿上军装的时候》。摄影：佚名

3. 雷锋认真检查车辆，拧紧车轮上容易松动的螺丝钉。这张照片是团摄影员季增搭乘雷锋的车，在营区到工地的路上，雷锋停车拧紧容易松动的螺丝时抓拍的。摄影：季增

1. 雷锋擦拭“解放”牌汽车。摄影：张峻

2. 雷锋辅导战友乔安山学习毛主席著作。他还用节约下来的津贴费为乔安山买了钢笔和笔记本。摄影：季増

少先队员最好的大朋友

……

1960年10月10日，我就读的抚顺市望花建设街小学少先队聘请了驻抚某部运输连的雷锋等十几名解放军叔叔为校外辅导员。在聘请辅导员的大会上，雷锋叔叔戴上了鲜艳的红领巾，并为我们全校师生讲了话。直到1962年8月15日，雷锋不幸因公殉职，近两年的时间里，因我当时曾担任少先队的中队长、大队委员，亲耳聆听他的教诲，亲身接受他的辅导，度过了我童年最幸福的时光。

雷锋叔叔是一名解放军战士，但他更是我们少先队员最好的大朋友，他经常利用休息时间，到学校来关心我们，给我们讲革命故事，忆苦思甜，辅导我们学习文化课。记得1961年三四月份，我们正在校外“少年之家”搞活动，雷锋叔叔外出作报告归来，又来到我们红领巾中间。看到雷锋叔叔来了，大家非常高兴，都缠着他，让他讲打仗的故事，他给我们一连讲了“黄继光舍身堵枪眼”、“邱少云烈火中献身”、“毛主席小时候摘豆角”等。他还用故事中革命先烈的英勇献身精神和领袖实事求是的工作作风教育我们。当时，围在他身边的七名同学是五年级的李文斌、四年级的孙桂琴、三年级的何文鲁、滕月明、二年级的余红、一年级的宋维芝、马建成。我有幸被雷锋叔叔搂在怀里。那难忘的情景被当时在场的解放军画报社记者拍摄下来，成为辅导员留给我们的珍贵纪念。同时，还拍摄下了雷锋叔叔赠送给“少年之家”领袖画像的珍贵镜头。

雷锋叔叔不但平易近人，对我们要求严格，而且严于律己，以平凡的一件件小事为我们展现出崇高的共产主义品德。他每月的津贴费只有 6 元钱，他平时勤俭节约下来的钱除向灾区等地捐款外，还为我们下一代的健康成长慷慨解囊。我们建立“少年之家”时，他为我们买图书、领袖像等物品就花了十几元钱；当我们搞校办工厂时，他听说我们需用罐头瓶，就收集了几十个送到学校；他还把在部队里用过的“针线包”、“节约箱”传授给我们，教导我们从小养成艰苦朴素的好习惯。从他身上经常穿的一身洗得发白的旧军装，脚上那双补了又补的袜子，就像无声的报告，给我们幼小的心灵留下深刻的启迪。

……

编自原抚顺钢厂职工何文鲁

《红领巾的知心朋友》

陈广生：这个士兵不简单

雷锋当兵前后的那三年，人们称之为三年自然灾害。在陈广生的记忆中，那时候国家特别困难，老百姓吃不饱饭，军队供应也不足。团党委号召干部战士节约零食，支援地方和老百姓，共渡难关。

1960年七八月份，雷锋事迹开始出现。当时连队到团政治处汇报，常常讲起雷锋的事迹。陈广生当时是上尉正连职干部，平时爱写点东西，所以也经常听汇报，找素材。

“当时团里收到两封信，分别来自抚顺市和望花区，一封明确找雷锋，另一封找一个小个子兵，原因都是说他送了100元钱。”陈广生说，“那时候200元钱相当于现在两三千，一个新兵津贴每月只有6元钱。这200元钱对我们震动很大，当时大家都勒紧裤带过日子，都很困难。后来一查是真的，团政委韩万金当时就对我们说，雷锋这小子真了不起！”

陈广生主动请缨，陪同宣传股长吴广信到运输连调查，开座谈会，找人谈话，找雷锋本人谈话。

“吴广信问得很仔细，当谈到母亲死的情景时，雷锋就哭，我们心里也很不好受，在旧中国都受苦。吴广信哭了，我的眼泪也往下掉。”谈起往事，陈广生声音哽咽。

后来，吴广信让陈广生根据谈话写成一篇《雷锋同志模范事迹材料》的材料给韩万金政委看。韩政委感觉雷锋文化程度不低，让雷锋自己改，雷锋把标题改为《解放后我有了家，我的母亲就是党》。

“我一辈子没有放弃宣传雷锋精神，就是这两句话触动了我。”陈广生说，吴广信也说这个士兵不简单，不是文化程度问题，而是感情问题。

雷锋入伍仅10个月就入党，他至今看来都觉得是个奇迹：“我那时候当兵都十几年了，没有发现一个入伍不到一年的战士就入党的。”

满怀激情的陈广生在1961年1月份就挥笔写就了一篇关于雷锋的报告文学，文章长达3.7万字，题为《向阳坡上长劲苗》。投稿时，编辑说太长，压缩到1万字就发。正在北京写《地雷战》剧本的陈广生不愿意删，就以没时间推掉了。

一年后，陈广生回到团里，韩万金政委对他说，你离开一年多，雷锋又有新发展，荣立三等功，先后当了副班长和班长，还是抚顺市人大代表，我看3.7万字不是长了，而是短了。你把别的工作放下，专门写雷锋。

运输连当时正进行国防施工，陈广生找雷锋谈话，雷锋不和他谈，说忙，没空，毫不客气地拒绝了。

“有一次我也不客气了。那时候乔安山和他开一辆车，我把小乔拉下来，我说我和雷锋出车，给他当助手。路上问他啥，雷锋都不吭声。后来快到目的地的时候，中间休息，他说，别再写我了，我才当兵不到两年，哪有什么先进事迹，都是一个战士应该干的，都是为人民服务。”陈广生说：“对雷锋精神的评论可以‘拉一车’，但我看就这几个字最合适：全心全意为人民服务。”

乔安山：他就是我的家里人

当年的小乔已变成老乔——只比雷锋小几个月的乔安山今年整70岁。

在乔安山位于抚顺市的家里，最明显的摆设就是一尊系着红领巾的雷锋半身铜像。乔安山说，每天看见这尊铜像，都仿佛看见班长。

1959年8月，在鞍钢弓长岭矿，乔安山第一次见到雷锋。

“我们宿舍是平房，标准是住4个人，后来增加了一个。有一天我下班，看到又来了一个人，就是雷锋。我想，住4个人挺紧张，5个人挤，现在又来了一位。我俩握了个手，我站在那里比他高，虽然他比我还大1岁。”那时候的乔安山，无论如何也想不到自己的一生会和面前这个人从此无法分隔。

当时，乔安山在炼铁厂，雷锋在焦化厂。焦化厂正在建设中，所以雷锋只上白班，而乔安山他们要三班倒。在乔安山的记忆里，宿舍里除了雷锋，其他几乎都是东北人。而雷锋晚上写日记的习惯，也让从未上过学的乔安山觉得很新鲜。

直到抢运水泥事件发生之前，大家都觉得雷锋很普通。

“湖南人，说话快，听不懂，我让他慢点说，他就笑。不过在工厂，没见他生过气。当时宿舍有文化、能写信的人很少，写信很困难，雷锋就帮助大家写信。”乔安山说。

1959 年 11 月 14 日夜里 10 点多钟，在雷锋的带领下，全宿舍职工紧急抢运了焦化厂 7200 多袋差点被大雨淋湿的高标号水泥，避免了重大经济损失。在下起豆粒大的雨点时，雷锋用自己的被子盖水泥。

“他一动员，大家伙都起来了。后来，雷锋又跑回宿舍拿被子，一个老师傅当时就拽着他：小雷，这样不行啊，晚上怎么睡？雷锋说，不要紧。这个事在矿里影响很大。”乔安山说。

如果没有雷锋的带动，乔安山压根没想过去当兵。

1959 年，乔安山月工资 48 元钱，在当时算是高工资。而且来年马上就要涨到 50 多元钱。对于家在农村，生活比较困难的乔安山来说，自己也不想去当兵。

“体检的时候，好几个工友还说我傻。可我到现在也不后悔。”乔安山说，“雷锋当兵不像有的报纸说的那样曲折，量身高的时候不是踮着脚尖的，问题不是身体不合格，是当时厂里不愿意放他走，又不敢说不让去，只好说他档案丢了。当时有

些四川兵比雷锋还矮。”

1960年1月8日，乔安山和雷锋一起来到部队。工友加战友，让俩人关系好到有什么事情都相互说说。雷锋没牺牲前，乔安山所有的家信都是由雷锋代写的。

然后，这美好的一切，在1962年8月15日那天，戛然而止。

“出车回来，也就11点来钟，我说咱俩去洗车吧。我开车到9连房后，拐90度的弯。我对雷锋说你拐弯，雷锋说，你来，一样的。我挂了两次倒挡，拐过去了。他说，往前走。我挂一挡，他站在驾驶室的左边，车窗户开着呢，我都没听见什么动静……”乔安山说。

乔安山把车往前开了几十米，下车后回头看时，雷锋已跌倒在地上。乔安山赶紧跑过去把雷锋抱起来时，鲜血从嘴里和鼻子里喷了他一身。

“抢救班长时我就在床边，我拽着他的手。医生说死了，我就一直把他送到太平间。人家要关门，让我出去，我不出去，最后把我锁在太平间一个多小时。那里当时有好几具尸体！我也不知道害怕，我觉得班长还能活过来……这个事情对我打击是最大的。”1998年，乔安山刚到抚顺的那段日子，他对老伴说，天天梦到班长。

雷锋牺牲后，乔安山每年祭奠乔家祖先时，都不忘雷锋：“他是孤儿，没什么亲人了。我把他当大哥看，他就是我的家里人。”

……

殉职与缅怀

烈士评定标准
(烈士褒奖条例)

公民牺牲符合下列情形之一的，评定为烈士：

（一）在依法查处违法犯罪行为、执行国家安全工作任务、执行反恐怖任务和处置突发事件中牺牲的；

（二）抢险救灾或者其他为了抢救、保护国家财产、集体财产、公民生命财产牺牲的；

（三）在执行外交任务或者国家派遣的对外援助、维持国际和平任务中牺牲的；

（四）在执行武器装备科研试验任务中牺牲的；

（五）其他牺牲情节特别突出，堪为楷模的。

现役军人牺牲，预备役人员、民兵、民工以及其他人员因参战、参加军事演习和军事训练、执行军事勤务牺牲应当评定烈士的，依照《军人抚恤优待条例》的有关规定评定。

雷锋雕像

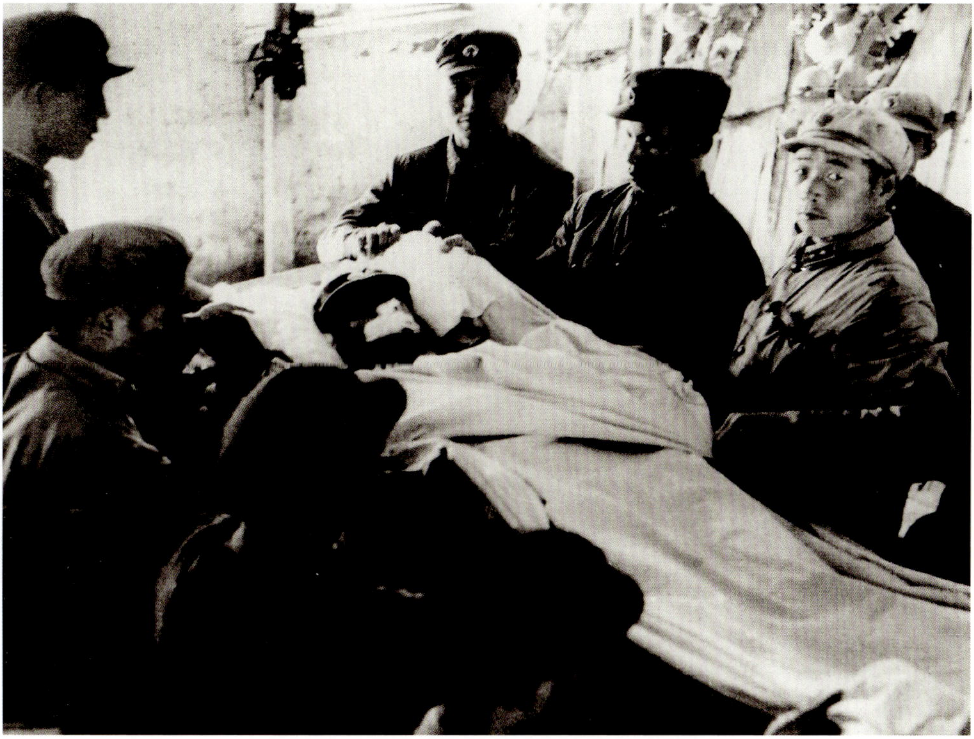

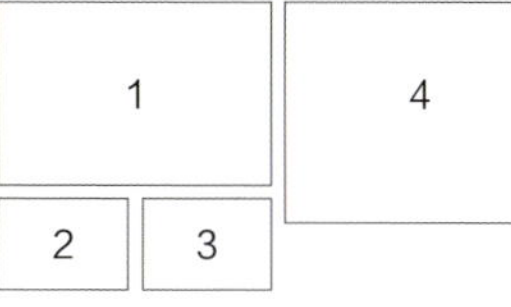

1. 这是汽车撞倒柞木杆的场景。图为事后恢复现场拍摄。摄影：张峻

2. 就是这根柞木杆，在绷断的晒衣铁丝的作用力下，砸在了雷锋的太阳穴上，导致了雷锋的因公殉职。摄影：张峻

3. 汽车后轮轧断柞木杆的情景。事故现场补拍。摄影：张峻

4.1962 年 8 月 15 日上午，雷锋在营区全神贯注指挥开车时，不料后车车轮撞倒了院内晒衣场的一根柞木杆，砸在雷锋的右太阳穴上。经紧急抢救后，这位伟大战士的心脏于 12 时 05 分停止了跳动。摄影：张峻

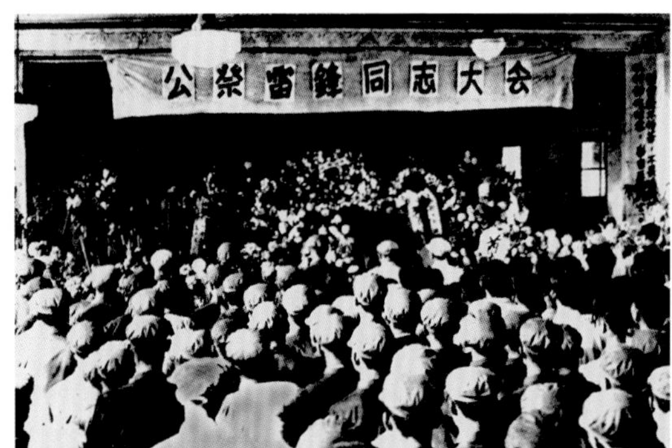
公祭雷鋒同志大会

永垂不朽

1	2
3	

1.1962 年 8 月 17 日下午 1 时，公祭雷锋同志大会在抚顺市望花区政府礼堂举行。摄影：张峻

2. 图为雷锋烈士墓碑。摄影：佚名

3. 灵车缓缓向墓地行驶，成千上万的群众自发地赶来为雷锋送葬。摄影：张峻

雷锋战友忆雷锋

海军中将冷宽今年75岁，1960年，他在沈阳军区某部担任司令部见习参谋，当又一茬新兵来到部队时，他见到了雷锋。

1960年1月8日下午，雷锋来到部队后，被选为新兵代表在欢迎大会上讲话，团里的摄影员还为雷锋拍下了入伍后的第一张照片。

冷宽将军回忆说："在全团召开的欢迎新战友大会上，雷锋代表新同志在大会上讲话，开始他准备一份稿子，但在户外，广场上风比较大，风老刮，他念不下去，干脆他就即兴发言。简单地讲了家史，讲到为什么参军入伍，又代表新兵表示了决心。他特别提到说，刚才首长在动员的时候，让我们要做到五好，别说五好了，就是七好八好我们也能做到。他这一说，下面哄堂大笑。"

"五好"指的是20世纪60年代，在全军开展的以政治思想好、三八作风好、军事技术好、完成任务好、锻炼身体好的五好战士运动。雷锋刚入伍，对这个情况还不了解，因此他说了个“七好八好我们也能做到”。这名年轻士兵不经意间流露出来的积极上进的精神面貌，给全团官兵留下了深刻的印象。

时任雷锋所在团政治委员的韩万金听到雷锋讲话之后，就说这是个好苗子，一定要好好培养。他那时候就看出雷锋的精神状态、精神面貌完全是不一样的。

1960 年的冬天格外寒冷，国家正处在困难时期，党号召每一个公民勤俭节约，共同渡过难关，于是刚刚入伍的雷锋就从自己做起，从一点一滴做起。雷锋做过一个节约箱，里边积攒着雷锋捡来的螺丝钉和牙膏皮；部队一年发两套军装，他为节约只领一套；别人不愿意开的耗油大王车，在他的手上变成了节油标兵车；每次运水泥，他都把洒落在车上的水泥收集起来，天长日久，竟达 1 吨多。雷锋的这些做法让他从团里的新兵中脱颖而出。

不到一年的时间，在 1960 年的下半年，雷锋就被团里树为全团的节约标兵，入伍仅仅 10 个月就光荣地加入了中国共产党。雷锋经常帮助战友，谁遇到了困难，他都会主动帮忙。50 年过去了，雷锋的战友冷宽还能记得雷锋做的一些事。

冷宽将军动情地追忆道：“有一个战士在保养机器的时候，把裤子烧了一个窟窿，第二天没法穿了。雷锋晚上下岗回来之后看到了，明天怎么穿哪，他想办法怎么给缝上啊，但是没有布，怎么办，最后把自己棉帽子取下来，把帽衬拿下来，然后给班里那位战士补上，第二天那位战士起来一看，哟，自己裤子补好了。”

入伍前，雷锋曾在工厂当过工人，那时的月工资是30多元钱，入伍后，他每个月的津贴是6元钱，为了帮助战友、帮助群众，雷锋把多年的积蓄都拿了出来。

冷宽将军还讲述了这样一个故事：一个战士，父亲患病在床，家里很缺钱，雷锋就以这个战士的名义，给他家里写了一封信，又把自己存的10元钱取出来，以那个小战士的名义一块儿寄到家去。过了一段时间，那个战士家里来信说，信已接到了，钱也收到了，父亲的病治好了，让他放心。小战士收到信后很是纳闷，就向连里指导员汇报，指导员一查，才知道是雷锋做的。

战士小周的父亲生病，雷锋寄去了10元钱。战友乔安山家中生活困难，雷锋寄去了10元钱。抚顺望花区人民公社成立，雷锋又取出了200元，公社只收了100元，可雷锋把退回的100元又捐给了辽阳灾区。

然而，雷锋自己脚上穿的却是一双补了又补的袜子。有人说，雷锋是傻子。雷锋却说，“我甘愿做这样的傻子”。

“雷锋是一个孤儿，他跟我们其他人不一样，其他人有家有业，要赡养父母，有老和有小，雷锋因为没有家，所以他生活上省吃俭用，一双破袜子补了又补，最后大家叫千层底，非常简朴，但是他把钱省下来，最后就积攒了这么多钱，把这些钱都捐献给社会，为社会服务，为群众服务去了。”在冷宽将军眼里，雷锋就是这样一个全心全意为人民服务的好战友。

雷锋在有生之年，每时每刻都牢记着他的一切都是党给的，都是新社会给的。他把钱省下来交给国家，就像回家交给了妈妈一样。人们在这个普通战士的言行中看到了不同寻常的意义，各级组织都对雷锋格外关怀。

雷锋喜欢照相，团里负责宣传报道的摄影员季增，为他拍下大量的做好事的照片。沈阳部队工程兵政治部摄影干事张峻采访雷锋，雷锋也主动要求张峻给他拍照片，张峻为雷锋拍了一张背枪的照片，这以后张峻又给雷锋拍了两百多张照片。1960 年 11 月，新华社驻沈阳军区记者佟希文、李健羽合写的稿子完成，题目是《党的好后生》，沈阳军区副政委杜平审阅时挥笔改为了《毛主席的好战士》。做毛主席的好战士，也是雷锋给自己提出的要求，毛主席的著作一直不离雷锋的身边。

为了做毛主席的好战士，仅仅《为人民服务》这篇文章雷锋就读了 7 遍，在书页上他写下了这样的感想："我活着只有一个目的，就是做一个对人民有用的人。生为人民生，死为人民死。"

还不满 22 岁的雷锋，已经写下了 20 多万字的手稿，其中渗透着他对为人民服务的理解，对人生的思考。

雷锋在日记里写到：我学了《毛泽东选集》一到四卷以后，懂得了人为什么活着，怎样做人的道理，我觉得一个人活着，就是为了使别人生活得更美好，特别他那句名言就讲，人的生命是有限的，可是为人民服务是无限的，我要把有限的生命，投入到无限的为人民服务之中去。

雷锋的事迹为越来越多的人所传颂，沈阳军区部队开始广泛开展学雷锋活动。抚顺建设街小学的师生听说了雷锋的事迹，特地聘请他为校外辅导员，孩子们都非常喜欢他。1961 年 5 月，这个学校的全体师生郑重推荐雷锋为抚顺市人民代表,雷锋所在团的领导对师生们的建议很重视，在施工现场召开了全团大会，一致通过了这个提议。

“实际上，雷锋在抚顺市已非常有名了，他是抚顺市人民代表大会的代表，特约出席了沈阳军区首届团代会，而且选入主席团，到主席台就坐。”冷宽将军回忆着。

因为雷锋优秀的表现，他入伍当年就荣立了二等功，10 个月就加入了中国共产党。如果雷锋没牺牲,他在 1962 年,可能会被选为国庆观礼代表，10 月 1 日就可以在天安门见到毛主席了。

然而，1962 年 8 月 15 日，在雷锋宿舍门前，一根晒衣杆意外地被车轮撞断，猛然砸在了雷锋的太阳穴上。战友们用最快的速度把雷锋送到了医院进行抢救，然而由于伤势过重，8 月 15 日 12 时 05 分，雷锋的心脏停止了跳动。

那一年雷锋 22 岁。

雷锋永远留在了 22 岁。

“很快就听说了，我们大家都感到非常悲痛，有点儿不敢相信这是一种事实，觉得昨天、前天还看见他，怎么突然就发生这种事情了，让大家非常震惊，非常悲痛。”冷宽将军激动地说。

消息传开，抚顺人民及雷锋的战友都难以接受这个残

酷的消息，大家沉浸在巨大的悲痛中。

1962 年 8 月 17 日，雷锋追悼大会在抚顺望花区礼堂举行。闻讯赶来的人越来越多，很多人都站在了礼堂外面。1964 年，上级决定给雷锋移墓，当时，自发组织的群众又都涌上了街头。

据冷宽将军的描述，大概是 17 公里左右的距离，整个路走了两个半小时，两边都是自动送葬的群众，自动地排成几行，雷锋班的 6 个战士在灵车上给雷锋护灵，往前面看，是各级领导一些车队，往后看，是望不到头的送葬的群众。

一个普通士兵的去世，引起了一个城市的震动。也在千千万万人民群众的心中激起了感情的波澜。

而他对整个社会的影响只不过刚刚开始。

1963 年 2 月 9 日，解放军总政治部发出通知，号召全军展开宣传和学习雷锋的活动。2 月 15 日，共青团中央发出了在全国青少年中开展学习雷锋的教育活动的通知。各大报刊都发表了介绍雷锋的事迹文章，雷锋的名字很快传遍了大江南北。

据当时毛泽东身边的工作人员回忆，1963 年初春的一个晚上，毛泽东主席在读了雷锋的事迹之后，久久不能入睡，第二天清晨，毛泽东早早醒来，他在书桌前缓缓坐下，挥笔写下了“向雷锋同志学习”的题词。继而，他对秘书说：学习雷锋不是因为他做了哪几件好事，而是学习他的好思想、好品质，学习他一切从人民利益出发，全心全意为人民服务的精神。

将军这样评价雷锋："他以助人为乐，作为人生的一种乐趣，他讲为人民做好事，是人生中最大的一种幸福，所以雷锋是热爱人民，是关爱群众，助人为乐，服务人民，这就是雷锋非常伟大之处。"

在毛泽东题词发表的14天后，由解放军总政治部和共青团中央联合主办的《雷锋同志事迹展览》在军事博物馆举行，参观的人数每天平均都在1万人以上。从共和国的领导人到普通百姓，从年长者到小学生，每一个生活在20世纪60年代的中国人，都把雷锋两个字，印在了记忆的最深处。

早在毛主席发表题词之前，周恩来总理就在元宵节的招待会上，号召文艺工作者创作反映雷锋的作品。1963年2月，沈阳军区话剧团排演的六幕话剧《雷锋》公演。不久，毛主席在怀仁堂观看了话剧《雷锋》，据说这是新中国成立后毛泽东第一次看话剧。而在北京军区文工团，歌曲《学习雷锋好榜样》的创作仅仅用了几个小时的时间。

年轻的诗人柯岩来到抚顺，在采访后把自己的感受告诉了丈夫贺敬之。从革命战争年代走过来的诗人，在雷锋的事迹中体会出了延安精神的延续。雷锋的追求正是代表了中国共产党人的奋斗方向，雷锋的精神正体现了中华民族的优良传统和美德，这正是时代所需要，人民所需要的。诗人心中涌动着时代的激情，他创作了著名的《雷锋之歌》：

"我写下这两个字，雷锋，我是在写，我们阶级，整个新一代的姓名。我写下这两个字，雷锋，我是在写，我的履历表中，家庭栏里，我的弟兄。你的年纪22岁，是我年轻的弟弟啊，你的生命如此光辉，却是我无比高大的长兄。”

雷锋成为了那个时代最响亮的名字，具有极大的号召力和感染力。

1965年3月5日，在毛泽东题词发表两周年之时，故事片《雷锋》在全国上映，人们在银幕上终于看到了活生生的雷锋。

冷宽将军说：“雷锋有一种亲和力，雷锋脸上始终面带着微笑，从我第一次看他上台代表新兵讲话开始，以后相处两年多的时间，每次见到他都是笑呵呵的。到现在，我脑海里还是雷锋那种笑呵呵的形象。那么雷锋为什么他脸上总是带着微笑，我觉得雷锋脸上面带微笑，是他人生的一种反映，这是他内心的一种世界。”

我们的国家在走过了60年代初那段难忘的困难时期后，迎来了让每一个经历过的人回想起来就会怦然心动的火红年代，人们再也不用饿着肚子在风雨中行进，而雷锋却离开了我们。

人民永远不会忘记他，不会忘记一个普通士兵为国家所做的一切。

1965年8月30日，毛泽东再次挥笔写下了“学习白求恩，学习雷锋，为人民服务。”

这是一代伟人对雷锋的赞颂，而雷锋精神，无论走过多少的岁月，将永远是中华民族的宝贵财富。

选自《军事纪实》央视播客

永远的雷锋

雷锋精神

崇高的理想
坚定的信念

雷锋语录：

毛主席著作对我来说好比粮食和武器，好比汽车上的方向盘。人不吃饭不行，打仗没有武器不行，开车没有方向盘不行，干革命不学习毛主席著作不行！

雷锋把毛主席著作比作粮食、武器和方向盘，刻苦学习革命理论，树立了崇高的理想和坚定的信念，懂得了“为谁活着，怎样做人”的道理，奠定了全心全意为人民服务的思想基础。这是雷锋在汽车驾驶室学习《毛泽东选集》的照片。摄影：张峻 季增

雷锋日记

1959 年

8 月 30 日

我深深地认识到，做每一件工作，完成每一项任务，哪怕是进行每一次学习，都十分需要听党的话，听领导的话，争取领导的帮助和支持。

党和领导叫怎样去做，就不折不扣地按党的指示去做。这样，就是有再大的困难，也有办法克服，再艰巨的任务，也能完成；相反，如果脱离了领导，不听党的话，光凭个人的心愿去做事情，是很难做好的，甚至要犯错误。有些同志思想进步慢，工作成绩差，是什么原因呢？我认为原因只有一个，就是自以为正确，不听党的话，不听群众的话，明明自己的看法不对，也不改正；明明领导和同志们的意见是正确的，也不诚恳地接受。这样，就会落后。

党的声音，就是人民的声音。听党的话，就会开放出事业的花朵！

雷锋的学习资料

1959 年
10 月 25 日

青春啊！永远是美好的，可是真正的青春，只属于这些永远力争上游的人，永远忘我劳动的人，永远谦虚的人。

一滴水，只有放进大海里，才永远不会干涸；一个人，只有当他把自己和集体事业融合在一起的时候才能最有力量。

自记 59.10.25.
青春啊！永远是美好的
可是真正的青春，只属于
这些永远力争上游的
人，永远忘我劳动的人
永远谦虚的人。

——雷锋手迹

1. 在天安门广场，雷锋发现一个小伙子在骑摩托车照相，便急忙跑过去向人家借车拍照。这张珍贵照片，雷锋寄给了家乡女同学秦中华。她曾给雷锋写下“分别同学，相会英雄”的临别赠言。

2. 党号召加强工业建设，雷锋又离开家乡，决心当一名好工人。在鞍钢的 1 年零 2 个月里，雷锋 3 次被评为先进工作者，5 次被评为红旗手，18 次被评为标兵，荣获鞍山市青年社会主义建设积极分子称号。图为雷锋所在班组 1959 年 2 月获得红旗组后的合影。后排右二为雷锋。

雷锋日记

1959 年
2 月 15 日

敬爱的毛主席，我看到您写的《纪念白求恩》这篇文章，深受教育，被感动得流下了热泪。

过去有人讽刺我说："你积极有什么用，那么点的小个子，给你 150 斤重的担子，你就担不起来。"我听了这话，还埋怨自己为啥长这么点小个子呢！

可是，您老人家说："一个人能力有大小，但只要有这点精神，就是一个高尚的人，一个纯粹的人，一个有道德的人，一个脱离了低级趣味的人，一个有益于人民的人。"这话给我很大鼓舞。个子小我也要尽我自己最大的力量，做到毫不利己，专门利人，向伟大的国际主义战士白求恩学习。

影像背后

一次，雷锋在连队熄灯后还在看书学习，受到排长批评。雷锋接受批评，便买了手电筒和电池，每天晚上躺在被窝里打着手电筒看书。季增到连队采访，多次见过雷锋夜读的情景，试着拍摄下来。但当时团政治处没有配备闪光灯，几次都因光线不足，没能成功。后来，他找了几个放电影用的旧灯泡，解决了夜间拍摄的照明难题。于是，他留下了这幅雷锋在被窝里打着手电筒学"毛著"的珍贵影像。

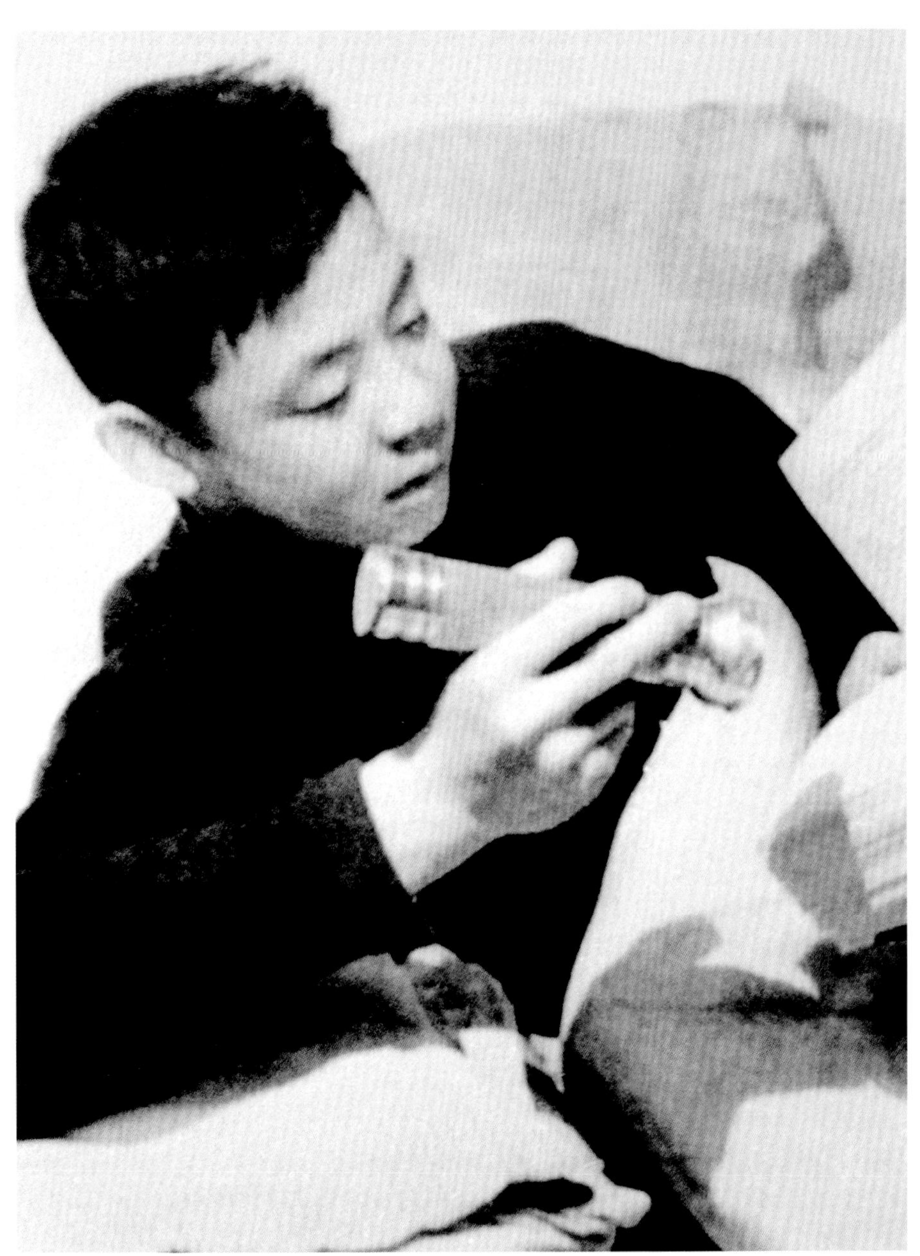

连队吹熄灯号后，雷锋为不影响班里战友休息，就在被窝里打着手电筒看书学习。摄影：季增

1960 年

11 月 8 日

1960 年 11 月 8 日，是我永远不能忘记的日子。今天，我光荣地加入了伟大的中国共产党，实现了自己最崇高的理想。

我激动的心啊！一时一刻都没有平静。伟大的党啊！英明的毛主席！有了您，才有了我的新生命。我在九死一生的火坑中挣扎和盼望光明的时刻，您把我拯救出来，给我吃的，穿的，还送我上学念书。我念完了高小，戴上了红领巾，加入了光荣的共青团，参加了祖国的工业建设，又走上了保卫祖国的战斗岗位。在您的不断培养和教育下，我从一个穷孩子，成长为一个有一定知识和觉悟的共产党员。

伟大的党啊，您是我慈祥的母亲，我所有的一切都是属于您的，我要永远听您的话，在您的身下尽忠效力，永做您忠实的儿子。

今天我入了党，使我变得更加坚强，思想和眼界变得更加开阔和远大。我是一个共产党员，人民的勤务员，为了全人类的自由、解放、幸福，哪怕高山、大海、巨川！为了党和人民的事业，就是入火海进刀山，我甘心情愿，头断骨粉，身红心赤，永远不变。

1. 雷锋入伍后的突出表现，得到组织的充分肯定，团党委确定他为“节约标兵”，连队党支部把他列为入党发展对象，当时全团100多名发展对象，只有雷锋一人是入伍不到一年的新兵。这是运输连指导员高士祥与雷锋谈话。摄影：张峻

（2-3）.1960年11月8日，入伍刚10个月的雷锋被批准入党。这是入党介绍人高士祥指导雷锋填写入党志愿书。摄影：张峻

1. 雷锋和战友们在野营拉练途中。摄影：季增

2. 野营拉练途中，雷锋利用休息间隙组织班里战友学习毛主席著作。摄影：季增

3. 战友们聚集在雷锋周围，阅读雷锋从挎包里拿出来的毛主席著作。摄影：季增

4. 雷锋不仅自己下功夫学习革命理论，还带动影响全班和连队形成刻苦学习之风。这是他与战友一起学习毛主席著作。摄影：季增

5. 雷锋辅导战友乔安山学习毛主席著作。他还用节约下来的津贴费为乔安山买了钢笔和笔记本。摄影：季增

雷锋日记

1960 年
12 月 8 日

一个革命者，当他一进入革命的行列的时候，首先要确定坚定不移的革命人生观。树立这样的人生观，就必须注意培养自己的思想道德品质，处处为党的利益、为人民的利益着想，具有大公无私、舍己为人的风格，能够为党的利益、为集体的利益不惜牺牲自己的利益，否则就是个人主义者……

1962 年
2 月 10 日

我觉得一个革命者就应该把革命利益放在第一位，为党的事业贡献出自己的一切，这才是最幸福的。

2

（1 － 2）. 雷锋以钉子的挤劲和钻劲，在短短一年的时间里，学习了《毛泽东选集》1–4 卷，写下了 20 多万字的学习体会。图为雷锋从报刊上剪裁收集学习辅导材料。摄影：张峻

1. 雷锋学习《为人民服务》时写的眉批。翻拍：张峻

2. 雷锋学习毛主席著作的心得笔记手迹。翻拍：张峻

3. 雷锋在入伍的第一天就把黄继光的照片贴在新的日记本上，并写下：“英雄的战士黄继光，我永远向您学习！”翻拍：欧达龙

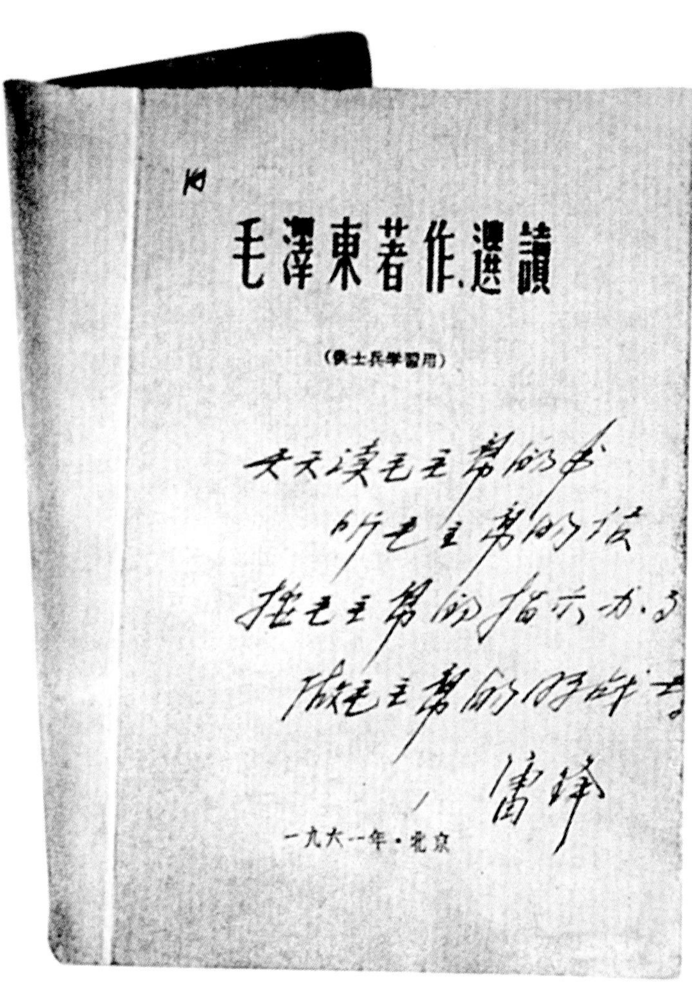

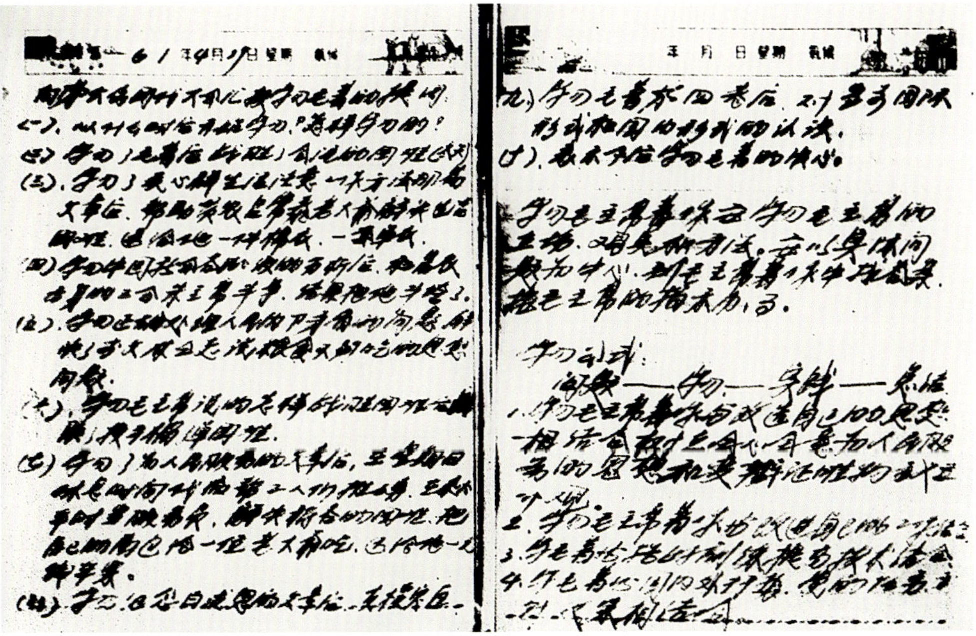

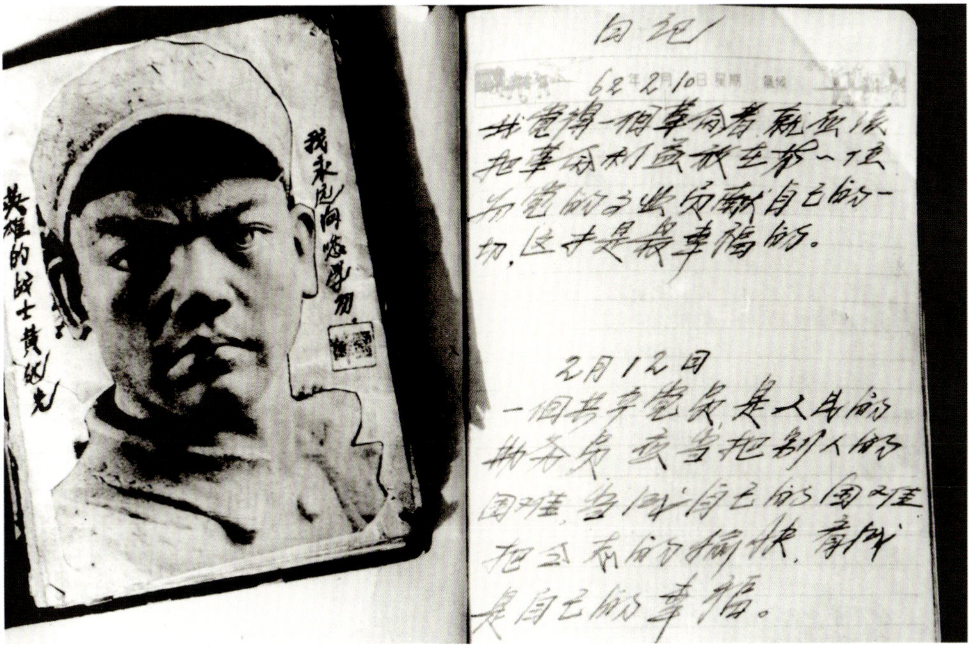

英雄的战士黄继光

我永远向您学习

日记

62年2月10日 星期

共产党员一个革命者就应该把革命利益放在第一位，为党的事业贡献自己的一切，这才是最幸福的。

2月12日

一个共产党员是人民的勤务员，应当把别人的困难当做自己的困难，把同志的愉快当做是自己的幸福。

雷锋日记

1962年

6月25日

我听有些人说：当兵不合算，挣不到钱，不如在家种二亩自留地，既有花的，又有吃的……

我认为这种人对个人利益和集体利益的关系认识不足。俗话说："大河涨水，小河满；大河无水，小河干。"同样的，只有集体利益富裕了，个人利益才能得到满足，如果没有集体的利益，哪还有什么个人的利益呢？

6月28日

有些人对个人和集体的关系认识不清，因此做工作、办事情、处理问题等，只顾个人，不顾整体。这样，就会给革命造成损失，给集体造成不利。我觉得正确认识个人和集体的关系是很重要的。

我认为个人和集体的关系，正像细胞和人的整个身体的关系一样。当人的身体受到损害的时候，身上的细胞就不可避免也要受到损害。同样的，我们每个人的幸福也依赖于祖国的繁荣，如果损害了祖国的利益，我们每个人就得不到幸福！

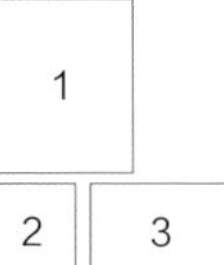

1. 雷锋得知辽阳地区遭到百年不遇的洪灾，立即把积存的 100 元捐献给灾区人民，并写了一封慰问信寄给辽阳市委。摄影：赵志华

2. 雷锋一个月只有 6 元津贴，平时舍不得乱花一分钱。1960 年初秋，他得知部队驻地望花区和平人民公社成立，便慷慨地从银行取出自己的 200 元积蓄，准备送给公社。摄影：季增

3. 雷锋把 200 元钱送到公社办公室，工作人员不肯收，劝他把钱寄给家里。雷锋说：“公社就是我的家，这钱是给家的。”好说歹说，工作人员只收下了 100 元。摄影：季增

雷锋诗歌

以革命的名义
（1958年）

以革命的名义，想想过去；
以革命的精神，对待现在；
以革命的态度，创造未来。

——于团山湖农场

跟着党走
（1961年4月）

随着太阳不会挨冻，
跟着党走不会迷路。
随着太阳就有温暖，
跟着党走就有幸福。

——写在日记本上

1
2

1. 雷锋入伍后，部队宣传干事为他拍摄的第一张持枪照片。摄影：张峻

2.1960 年冬，雷锋在沈阳军区八一剧场开会期间的留影。摄影：周军

雷锋诗歌

永远是党的忠实儿女

（1962年2月26日）

过去，
我是孤苦伶仃的穷光蛋。
现在，
我是一个光荣的共产党员，国家的主人。
将来，
我永远是党的忠实儿女，人民的勤务员。

——写在日记本上

影像背后

1961年4月24日，季增和雷锋去旅顺海军部队作忆苦报告，晚上和海军的战友们一起在房间交流学习毛主席著作心得。当天夜里，季增被雷锋“毛主席万岁”的欢呼声惊醒。他把雷锋叫醒，雷锋激动地说他梦见了毛主席，还说“我要站在毛主席身边保卫毛主席”。季增听后久久不能平静，躺在被窝里思索如何将雷锋这种真挚的感情用镜头表现出来。回到部队后，季增把让雷锋站在毛主席塑像前拍照的构思告诉了雷锋。雷锋非常高兴。但是因为二人各有任务，拍摄的想法始终未能实现。一次，雷锋作为代表参加部队党代表大会，会议当天的早晨，红日升起，霞光满天，季增和雷锋来到抚顺钢厂和平俱乐部门厅毛主席塑像前，准备拍照。因门厅光线昏暗，于是与当时在场的几位代表一起，将毛主席塑像抬到了俱乐部外的广场上。雷锋手握钢枪在塑像前站好时，团长吴海山正好走来，见此情景大声说道：“小季，先慢照，给雷锋换顶帽子。”用皮帽子换下了雷锋戴着的栽绒帽。雷锋一下子精神、威武多了。于是季增调好光圈和快门速度，从不同角度，拍下了两张照片。

1

2

（1–2）.1961 年 4 月，雷锋手持 50 式冲锋枪在毛主席塑像前留影。该枪是新中国制造的第一种冲锋枪。摄影：季增

无私的奉献

雷锋语录：

做一点有益于人民、有益于国家的事情，如果说这是“傻子”，那我是甘心情愿地做这样的“傻子”的。革命需要这样的“傻子”，建设也需要这样的“傻子”。

人的生命是有限的，可是为人民服务是无限的，我要把有限的生命，投入到无限的为人民服务之中去。

雷锋在帮助战友洗衣服。摄影：季增

雷锋日记

1961年

2月2日

今天我从营口乘火车到兄弟部队作报告，下车时，大北风刺骨地刮，地上盖着一层雪，显得很冷。我见到一位老太太没戴手套，两手捂着嘴，口里吹一点热气温手。我立即取下了自己的手套，送给了那位老太太。她老人家望着我，满眼含着热泪，半天说不出话来……一路上，我的手虽冻得像针扎一样，心中却有一种说不出的愉快。

2月16日

今天我没去看剧，在家学习毛主席著作。毛主席教导我们说："关心党和群众比关心个人为重，关心他人比关心自己为重。"毛主席的这些话，深深地教育了我，使我的心豁然明亮了。我领到连部发给我的1斤苹果，怎么也舍不得吃，用自己心爱的手绢包了起来，放进了挂包里，心想来了客人给他们吃。今天，想起了在病院里的伤病员同志，他们在新年佳节的时候，是多么需要人去安慰啊！我是人民的子弟兵，应该去好好慰问那些伤病员同志。把自己领到的一点点吃的东西送给伤病员吃，不是更有意义吗？下午3点钟，我拿着1斤苹果，连同自己写好的一封慰问信送给了抚顺市西部职工医院。

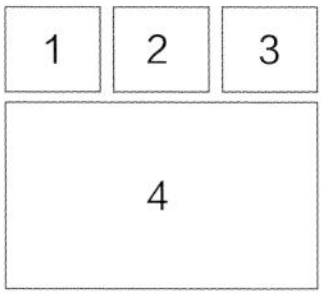

1	2	3
4		

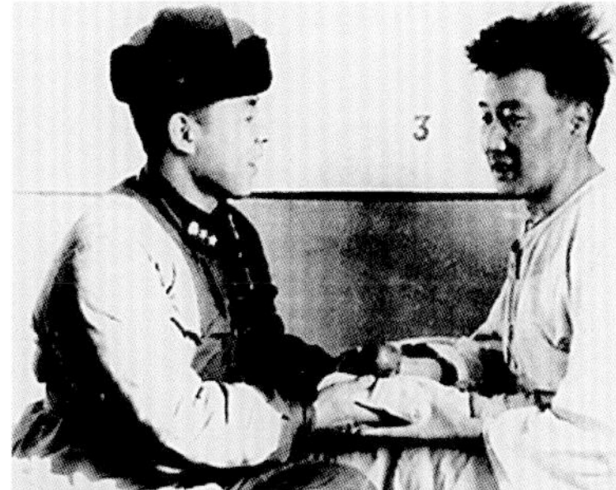

(1-4). 雷锋走进西部职工医院，他把中秋节发给自己的月饼、苹果送给抚顺市西部职工医院的住院病人。摄影：季增

雷锋日记

1961年

2月17日

今天是春节假期的第四天，吃早饭的时候，连值班员说："上午9点集合到和平俱乐部看电影。"有一个同志问了一句："是什么片子？"他说："是《昆仑铁骑》。"大家都说："好极了，可不要错过这个机会。"我一边吃饭，一边想：春节五天假期过完了，19号就要开始冬训。为了响应党的号召，支援农业第一线，争取今年农业大丰收，我还是去多积点肥，支援人民公社，这样做有两个好处。第一，以实际行动支援农业，对社员们是一个鼓舞，同时也更密切了军民关系。第二，替居民搞了卫生。因小孩在屋前屋后拉了很多大粪，看起来脏得很，我去把大粪捡起来，给居民把地扫干净，这真是一件一举两得的好事，既搞了卫生又积了肥。说干就干，我推着手推车，拿着铁锹和粪筐，走到了望花区北后屯，看见了工人住宅的屋前屋后有很多一小堆一小堆的粪便，我便立刻捡了起来。一位老大爷从宿舍里出来，很惊奇地问我："军人同志，你们过节还不休息么？"我回答说："响应党的号召，捡点大粪，支援农业，争取今年大丰收嘛。"那位老大爷点点头，笑着说："好啊好啊，你真想得周到，过年也不歇着，捡大粪送给公社，这得好好地表扬啦，这种精神也值得大伙学习呀。"我对老大爷说："支援人民公社，这是我应尽的义务。"那位老大爷很热情地叫我到他家里去休息一会，我谢了谢他老人家的好意，推着车子走了。到了下午2点钟，我捡了满满一车粪，送给了望花区工农人民公社。人民公社的负责同志们都很受感动……

1
2 3

(1-3).1961 年 2 月 15 日大年初一上午，雷锋背起粪筐四处捡粪，大约捡了 300 多斤，送到了望花区的生产队，支援春耕生产。摄影：季增

1961年
10月8日

今天我在报纸上看了一篇文章，其中鲁迅的两句诗对我教育很深。我坚决要按照鲁迅的那两句诗去做：

“横眉冷对千夫指，俯首甘为孺子牛。”

对敌人要狠，要像严冬一样残酷无情；对党、对人民要忠诚老实，永远忠于党，忠于人民，做党和人民的驯服工具。

影像背后

同班战友周述明父亲得了重病，雷锋得知后，便悄悄记下他的通信地址，以周述明的名义给他家写了一封信，连同自己节省的10元钱，寄到周述明的家。不久，周述明接到家中来信，信上写到：“你寄回来的钱收到了，正好用作医药费，治好了你爸爸的病，你安心工作吧，不用惦念家里。”周述明看了信感到非常奇怪，不知道是谁替自己寄的钱，他把这个情况告诉了指导员。指导员郑重其事地在全连查找，这才搞清钱是雷锋寄的。部队决定把雷锋做的很多好事制成幻灯片，团摄影员找到雷锋，在连部指导员的桌子上补拍了这张照片（图2）。

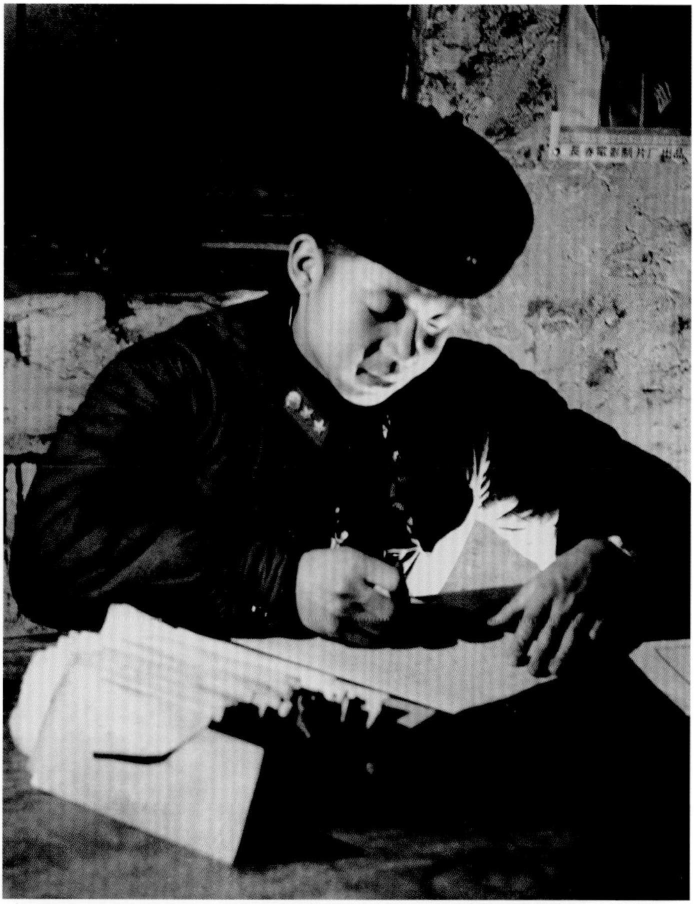

1

2

1. 雷锋替战友写回信。摄影：季增

2. 雷锋给家里遇到困难的战友周述明家写信，并寄去10元钱。摄影：季增

(1–3). 一次上山割草，一位战友把带的午饭提前吃光了，雷锋便借口自己肚子不舒服，把自己的一份饭让给了他。摄影：季增

雷锋日记

1961 年

10 月 13 日

今天可有意思。XXX 同志出车回来，惊奇地问这个，问那个，不知是谁给他洗了一条衬裤和一双穿得发了臭的袜子，可是没有一个人说话，究竟是谁给他洗的呢？只有我知道，但是我没有说，我觉得这是自己应尽的义务。

10 月 15 日

今天是星期日，我没有外出，给班里的同志洗了五床褥单，帮 XXX 战友补了一床被子，协助炊事班洗了 600 多斤白菜，打扫了室内外卫生，还做了一些零碎事……总的来说，今天我尽到了一个勤务员应尽的义务，虽然累了点，也感到很快活。班里的同志感到很奇怪，不知道谁把褥单洗得干干净净的。XXX 同志惊奇地说："谁把我的破被子换走了？"其实他不知道是我给他补好的呢！我觉得当一名无名英雄是最光荣的。今后还应该多做一些日常的、细小的、平凡的工作，少说漂亮话。

(1-2). 雷锋帮助战友洗衣服。摄影：季增

(3-4). 雷锋和战友李连芝一起缝被子。摄影：张峻 季增

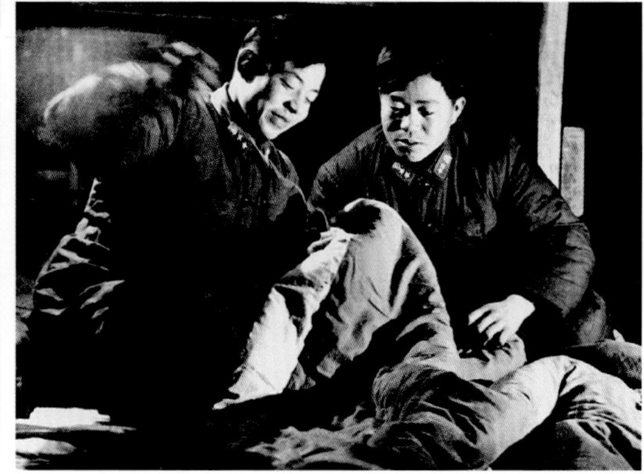

1961年

10月20日

人的生命是有限的，可是，为人民服务是无限的，我要把有限的生命，投入到无限的为人民服务之中去……

（日期不详）

学习《纪念白求恩》

一个人的能力有大小，但只要有这点精神，就是一个高尚的人，一个纯粹的人，一个有道德的人，一个脱离了低级趣味的人，一个有益于人民的人。

我决心听毛主席的话……事事大公无私，处处从党和人民的利益出发，全心全意为人民服务，决不让有一点肮脏的个人利益低级趣味的东西来玷污自己。向白求恩学习，做一个毫不利己、专门利人的人，为共产主义奋斗终身。

一个人，只要大公无私，处处从党和人民的利益出发，兢兢业业为党工作，老老实实为人民服务，就是一个有益于人民的人。

雷锋把到抚顺找儿子的老大娘送到家。摄影：季增

影像背后

1961 年秋，雷锋到丹东部队作报告，回抚顺途中，在沈阳转车。过天桥时，见一位老大娘拿了许多东西，走路很吃力，雷锋便主动过去帮忙。得知大娘是去抚顺找儿子，正好同路，雷锋便急忙帮助拿东西，扶她上火车，并为老人找到座位。一路上，雷锋站在大娘身边，亲热地说这问那，细心照料。老人担心找不到地方，掏出写有儿子地址的信封给雷锋看。雷锋安慰大娘说："放心吧，到抚顺后我帮您找。"实际上，雷锋对抚顺一些偏僻的地方也不熟悉，他边走边问，几经周折，终于在郊区露天矿的一条小街上，找到了老人儿子的家。此时，太阳已经落山，雷锋急忙赶回部队。后来，雷锋又来看望过大娘，家里只有老人和她的孙女。那次随行的团摄影员季增在大娘家门口拍下了这张照片。

雷锋诗歌

啄木鸟

（1958年）

把自己当作啄木鸟吧！
用辛勤而艰苦的劳动，
为万木除病灭害，
使树长得挺拔参天，
绿化原野，
造福人类！

千万别把自己比作鹦鹉鸟啊！
成天只会学舌别人，
为少数人——富豪们，权贵们
赏心悦目，
对广大的劳苦大众，
不给一丁点什么，
不作些微贡献。

——于团山湖农场

1

2

3

1.少先队员刘静把心爱的红领巾献给雷锋叔叔。摄影：张峻

2. 雷锋担任建设街小学校外辅导员后，给孩子们辅导的第一课是热爱祖国、热爱党、热爱毛主席。摄影：张峻

3. 雷锋经常带领少先队员们在郊外参加义务劳动，教育他们爱国家、爱集体、爱劳动。摄影：张峻

做一个有益于人民的人

（1961 年 1 月 18 日）

我是一个在旧社会受尽阶级压迫和民族压迫的孤儿。解放后，在党和毛主席的哺育下，成长为一个国防军战士、光荣的共产党员。这是我很难想象的。要是没有党，怎能有我的今天呢？

我从 1958 年起，一直坚持学习毛主席著作，这是与党对我的培养和我对党、对毛主席的热爱分不开的。几年来，虽然环境一变再变，工作担子愈来愈重，可是我从来没间断过政治理论学习，哪怕干了一天活很疲倦了。晚上我宁愿少睡点觉，也要坚持学习毛主席著作，实在疲倦了，就走出去打一盆冷水洗洗头，脑子清醒了，坐下来又看……三年多来，我利用星期日、节假日以及出车前、饭前饭后和业余休息等一切可以利用的时间，读完了《毛泽东选集》4卷，其中有些文章我读了很多遍。另外，还读了《论共产党员的修养》等60多本政治理论书籍。通过学习毛主席的著作，我的政治觉悟、思想水平得到了很大的提高。我懂得了毛主席说的一个人的能力有大小，但只要有这点精神——为共产主义奋斗到底的精神，就是一个高尚的人，一个纯粹的人，一个有道德的人，一个脱离了低级趣味的人，一个有益于人民的人。毛主席教导我们要学习白求恩毫不利己的共产主义精神，使我认识到：作为一个人民战士，首先必须改造自己的世界观，具有高尚的共产主义精神，坚定的无产阶级立场，鲜明的人道主义观点，全心全意为广大劳动人民服务。从此我就决心向白求恩同志学习，做个有益于人民的人。

我从小就生长在毛主席的故乡，经常听到老人讲毛主席在小时候就很关心穷人、为人民做好事的故事。又通过几年来的学习毛主席著作，更加深了对毛主席的热爱。我深刻地认识到：毛主席的伟大实践过程，也就是全心全意为人民服务的过程。这给我的启发很大，教育很深。因此，我给自己规定：凡是对人民有利的事，就坚决拥护，积极去做，宁肯牺牲个人的一切。凡是对人民不利的事，坚决不做，并进行斗争。用它当做一个标

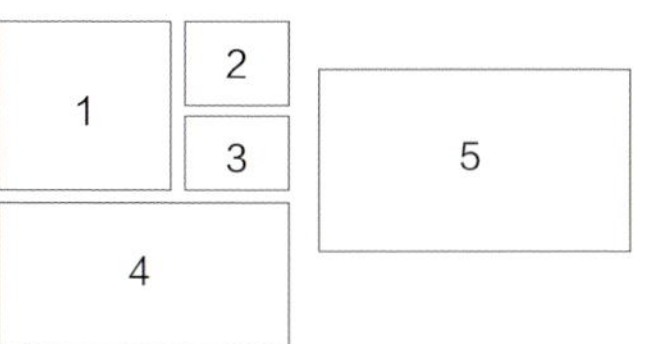

(1–5). 和孩子们在一起最幸福。图为雷锋和建设街小学的孩子们的亲密合影。摄影：李增

影像背后

1961 年 4 月，雷锋外出作报告七八天。他时刻想着孩子们，在书店买了他们喜欢的少年读物。回连队的当天，雷锋就来到了建设街小学。孩子们看见辅导员来了，一起跑过来把雷锋围住，问这问那，缠着他讲故事。雷锋讲了“黄继光舍身堵枪眼”、“邱少云烈火中献身”的英雄故事，还把外出购买的新书送给大家。故事讲完了，陪同的摄影员季增招呼大家靠拢些，雷锋把一个小胖子抱在怀里，拍下了这张照片。（图 5）在雷锋怀里的这个男孩叫何文鲁，后来一直以雷锋叔叔为榜样，成长为抚顺钢铁公司的中层领导。

尺，经常来衡量自己，检查自己，鞭策自己，这样也就促使我时时刻刻想为人民做点好事。有时我走路也想，吃饭也想，睡觉还想，看到一个问题或一件新事也想。不让一切不利于革命事业的个人利益、个人虚荣等等肮脏的、低级趣味的东西来玷污自己。

几年来，我在工作上和日常生活中按照党和毛主席的教导，不管什么工作，只要革命需要，对人民有利的就要做好。1958 年，我在鞍钢当工人，利用新年放假期间到农村帮社员劳动，发现一家困难户。我立刻想起毛主席说的："我们的同志不论到什么地方，都要和群众的关系搞好，要关心群众，帮助他们解决困难。"我立刻掏出了 5 元钱，还脱下了自己的一套衣服送给了那家贫困户。

1959 年，我在辽阳工作时，有一天晚上，突然下着大雨，工厂运到的 7200 袋水泥找不到东西盖，我立即从床上抱着自己的被子、褥子跑到工地盖上了水泥。我的被子褥子虽然湿透了，但是国家的财产免遭重大损失，这就是我最大的幸福。

去年入伍后，我看到抚顺望花区新成立一个人民公社。我真从心眼里感到高兴，心想：毛主席领导全国人民搭了银桥又搭金桥。我是人民的战士，应该做点什么呢？想起了自己几年来积存下来的 200 元钱，送给公社以表自己的心意。可是公社不肯收，经过我再三恳求，才留下了一半。不久，辽阳地区遭受了水灾，我在报上看到毛主席派来飞机给灾区人民运送粮食和衣物的消息，心里就想：毛主席给灾区人民送粮又送衣，我能给灾区人民干点什么呢？想到自己还有100元钱，就寄给了辽阳市委。

为了响应党中央“以粮为纲，大办农业”的伟大号召，我利用今年春节的五天放假期间捡了300斤粪肥，送给了人民公社。我虽然少看两场电影，少玩一会，也感到高兴。特别是当我看到社员们都穿着新衣服，敲锣打鼓扭秧歌，家家户户放鞭炮时，我也同样感到快乐。

我看到公社里的一个医院，就想起了毛主席的“处处关心群众”的教导，我把过春节领到的1斤苹果送给了医院，慰问了有病的群众。有个老太太拿着我给的苹果，泪汪汪地说：“谢谢你，我不会忘记你呀。”我激动地说：“您老人家不要感谢我，这是党和毛主席叫我这样做的，您老要感谢就感谢党吧！”

几年来，每当我为人民做了一点好事的时候，也就是我最幸福最快乐的时候，反之，做不到这点，我觉得心中有愧，对不起党和毛主席。我时时刻刻都这样想：党给我的恩情太深了，我为党做的工作太少了。我每一点微小的进步，都是党培养教育的成果。我还年幼无知，我诚恳地请首长和战友们多指教多帮助我，使我在革命的大家庭里不断成长，不断进步。我有决心向大家学习，坚决听党和毛主席的话，学习毛主席的著作，照毛主席的指示办事，永远忠于党忠于人民，做一个有益于人民的人。

爱岗敬业

雷锋语录：

一个人的作用，对于革命事业来说，就如一架机器上的一颗螺丝钉……我要不断地加强学习，提高自己的思想觉悟，坚决听党和毛主席的话，经常开展批评与自我批评，随时清除思想上的毛病，在伟大的革命事业中做一颗永不生锈的螺丝钉。

雷锋擦拭“解放”牌汽车。摄影：张峻

1959 年

10 月

1958 年入厂时候，我只是一个抱着感恩的思想埋头苦干的工人，在生产上只能做到完成自己的任务和达到每天的定额。

后来，在党的教育下，特别是受到党的社会主义建设总路线和全国人民冲天干劲的鼓舞，才使我的思想和眼界变得更加开朗和远大，才使我的干劲越来越高涨。

由于党的教育，我懂得了这个道理：一朵鲜花打扮不出美丽的春天，一个人先进总是单枪匹马，众人先进才能移山填海。

一滴水，只有放进大海里才永远不会干涸；一个人，只有当他把自己和集体事业融合在一起的时候才能最有力量。

——雷锋手迹

雷锋高小毕业参加工作 6 年，先后变换过 7 个工作岗位（本村务农 – 公社通讯员 – 县委公务员 – 团山湖农场拖拉机手 – 鞍钢化工总厂推土机手 – 鞍钢焦化厂工人 – 沈阳军区工程兵团运输连司机），无论干什么他都干得很出色。雷锋的第一个荣誉是“治沩”模范。这是治沩工程结束后，雷锋与指挥部领导的合影。前排左一为雷锋。摄影：戴杰

雷锋日记

1961年

3月4日

今天，连长发给我一支新枪，我真像得到了宝贝一样，乐得连话都说不出来。看看那锋利而发亮的刺刀，摸摸那光滑的机柄，数着崭新的子弹，简直高兴得不知如何是好，生怕把枪弄脏了。看到枪机上落了一点点灰尘，我立即从衣兜里，掏出自己心爱的手绢，把灰尘擦得一干二净。

人民给我这支枪，我一定要好好保管和爱护，向党和人民保证，决心勤学苦练，定要练出真正的硬本领，坚决保卫我们的社会主义建设，保卫我们伟大的祖国，随时准备给侵略者致命的打击。

这支枪是我的，是革命给我的！

要想从我这里夺去，我宁愿战斗而死！

对党和人民要万分忠诚，对敌人越诡诈越好。

——雷锋手迹

1. 在军区开会时，雷锋认识了特等射手雷凯，两人一见如故，亲如兄弟，在照相馆拍摄了这张“兄弟俩”合影。摄影：佚名

2. 同神枪手雷凯（左二）交流射击技术经验。摄影：佚名

1	4
2	
3	5

(1-3). 反复实践体会投弹技术要领，胳膊都肿了，雷锋仍坚持训练。摄影：季增

4. 雷锋虚心向战友请教投弹技术。摄影：季增

5. 为增强臂力，雷锋下苦功练习双杠。摄影：季增

二买卖公平；
三借东西要还；
四损坏东西要赔；
七不调戏妇女；

雷锋日记

1961 年

9 月 10 日

今天陈排长找我谈了一番话，对我的启发和教育很大。从多次的谈话中，使我深知，陈排长是一个直爽、诚实，对同志关心、对革命负责的好干部，这种精神和优良作风，我要永远学习。

排长谈到，据同志们反映说，我工作主观，其事实是：到浑河农场拉菜，我看农场里的同志都已吃晚饭了，心想战友艾起福、何国良出了一天车，比较累，再说午饭吃的早，也可能饿了。我和农场的管理员联系了一下，准备好了饭，叫他们两位司机吃，可是他们硬不吃，说天快黑了，车没有灯，要赶紧回队。我想回去也要吃饭，现在这里饭已准备好了，在哪吃还不一样吗？再三劝他俩吃，最后他俩还是没有吃，我也就和他俩一块拉菜归队了。事后他俩说我办事主观。

今天排长给我指出，要我今后办事多和群众商量，注意工作方法。我觉得很好，一定改进。至于其他方面的小缺点，我也要特别注意，加以纠正。有些反映虽然有出入，但我也很欢迎，今后提高警惕，随时注意。我深记了斯大林的教导：“我们不能要求批评百分之百的正确。如果批评是来自下面的，那么即使这种批评只有百分之五到百分之十是正确的，我们也不应当忽视。”今天我是一个班长，对于战士的反映和意见，丝毫不能轻视，一定要坚决克服缺点，做好工作。

排长要我抓紧时间努力学习，提高政治觉悟和技术水平。这些好话，牢记心间，照着去做，定能进步。

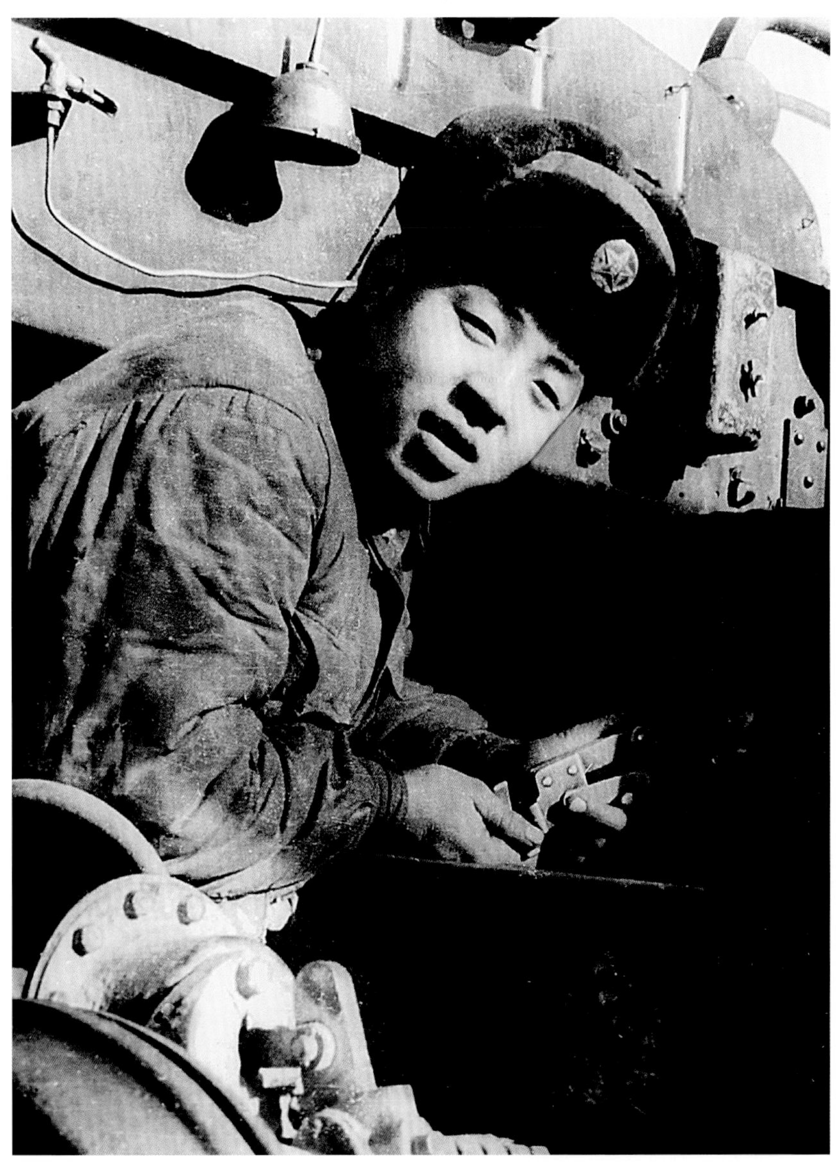

党号召青年应征服役，雷锋经过多次恳求，参军到了部队，决心当一名好战士。这是雷锋和他驾驶的汽车。摄影：季增

雷锋日记

1961 年

10 月 16 日

高楼大厦都是一砖一石砌起来的，我们何不做这一砖一石呢！我所以天天都要做这些零碎事，就是为此。

1962 年

1 月 16 日

今天下了大雪，刮着刺骨的北风。为了使车辆经常保持良好的技术状态，随时开得动，我和韩玉臣同志主动到车场保养车辆。双手拿着冰冷的工具，调整和修理铁的机器，的确冷得很，有时手拿着铁的机件，就把手和机件粘在一起了。特别是双手伸到汽油里去清洗机件，更把手指冰得好像针扎一样，我真想去烤烤火。可是，一想起连长在军人大会上的报告："在三九天里保养车是一个艰巨的战斗任务，过硬的功夫是在冰天雪地里锻炼出来的。"我感到有一股暖流立刻传遍了全身，觉得有了无穷的力量，打消了烤火的念头，继续清洗机件。经过 8 个多小时野外苦战，终于把汽车保养好了，虽然手冻裂了口子，但是锻炼了自己的意志，提高了技术。

1

2

(1–2). 雷锋把每次汽车保养作为提高技术水平的好机会，理论联系实际给班里战友详细讲解每个部件的构造、性能和特点。摄影：季增

1	3
2	

1. 雷锋正在保养车辆。摄影：季增

(2-3). 在汽车保养中，雷锋总是抢脏活累活干。这是他钻到车底下检修汽车。摄影：季增

1962年

4月17日

一个人的作用，对于革命事业来说，就如一架机器上的一颗螺丝钉。机器由于有许许多多的螺丝钉的连接和固定，才成了一个坚实的整体，才能够运转自如，发挥它巨大的工作能力。螺丝钉虽小，其作用是不可估量的。我愿永远做一颗螺丝钉。螺丝钉要经常保养和清洗，才不会生锈。人的思想也是这样，要经常检查，才不会出毛病。

我要不断地加强学习提高自己的思想觉悟，坚决听党和毛主席的话，经常开展批评与自我批评，随时清除思想上的毛病，在伟大的革命事业中做一颗永不生锈的螺丝钉。

8月5日

今天是星期日，本来应该休息。可是因为任务重、工作忙，再加上汽车行驶里程到了二级技术保养期间，我想：完成任务要紧，保养好车辆重要，牺牲个人休息嘛，没有什么。因此，我还是照常工作。上午调整了汽车各部间隙，换了手制动片。下午送工作组首长到我团工作，一路很平安……

雷锋认真检查车辆，拧紧车轮上容易松动的螺丝钉。这张照片，是团摄影员季增搭乘雷锋的车，在营区到工地的路上，雷锋停车拧紧容易松动的螺丝时抓拍的。摄影：季增

1	2	4
3		5

(1-3). 图 1、图 3 雷锋擦拭“解放”牌汽车，图 2 雷锋擦拭自己驾驶的苏式嘎斯 51 型汽车。摄影：季增
(4-5).1961 年，部队掀起了学习雷锋的高潮，沈阳军区决定筹办雷锋先进事迹巡回展览。展览筹备小组准备用照片来反映雷锋入伍后的事迹，这样就又为雷锋拍了一组着夏装擦车的照片。摄影：张峻

影像背后

1960 年冬，《解放军画报》和沈阳军区工程兵宣传处的同志到雷锋所在团采访，拍了反映雷锋事迹的一组照片，但还不够满意，便打电话让该团摄影员季增再拍一张，希望既能反映雷锋的汽车兵职业特点，又能展示他忠于党忠于人民的精神风貌。雷锋平时开的是苏式嘎斯 51 型汽车，恰好团里新配了一辆拉水用的国产“解放”车。季增选了一个阳光灿烂的上午到连队停车场，雷锋正在保养车辆，时而抬头远望，微笑的面庞表现出他发自内心的幸福和骄傲。那只曾被地主婆砍伤留下伤疤的手，停留在车标附近。季增快速按下快门，拍摄了这张照片（图 3）。此照刊登在《解放军画报》1961 年 2 月号。

排渍忙

（1958年）

垅中清水似汪洋，
英雄排渍日夜忙，
稻田绿遍水排尽，
活活气死老龙王。

——于团山湖农场

穿上军装的时候

（1960年1月）

小青年实现了美丽的理想，
第一次穿上庄严的军装，
急着对照镜子，
心窝里飞出了金凤凰。

党分配他驾驶汽车，
每日就聚精会神坚守在机旁，
将机器擦得像闪光的明镜，
爱护它像爱护自己的眼睛一样。

——写在日记本上

1960 年 1 月 8 日，雷锋穿上新军装，成为一名光荣的解放军战士。这是他到部队后拍摄的第一张单人照片。摄影：佚名

锐意进取
自强不息

雷锋语录：

一块好好的木板，上面一个眼也没有，但钉子为什么能钉进去呢？这就是靠压力硬挤进去的，硬钻进去的。由此看来，钉子有两个好处：一个是挤劲，一个是钻劲，我们在学习上，也要提倡这种“钉子”精神，善于挤和善于钻……

雷锋认真学“毛著”，升华了朴素的感情，形成了革命的人生观，在毛泽东思想哺育下茁壮成长。尤为可贵的是，他根据自己的实践，以创新精神概括总结出学“毛著”的新经验。这是雷锋夜读“毛著”写心得体会的情景。摄影：张峻

雷锋日记

1959 年

12 月 20 日

一个人出生在世界上以后，除了早夭的以外，总要活上几十年。每个人从成年一直到停止呼吸的几十年的生活，就构成个人自己的历史。至于个人自己的历史画面上所涂的颜色是白的、灰的、粉红的或者鲜红的，虽然客观因素起一定作用，但主观因素起决定性的作用。每个人每时每刻都在写自己的历史，每个共产党员和共青团员都应该好好地想一想，怎样来写自己的历史。每个共产党员和共青团员时时刻刻都要以马克思列宁主义、毛泽东思想来作自己思想行动的指导，真正做到言行一致。我要永远保持自己历史鲜红的颜色。

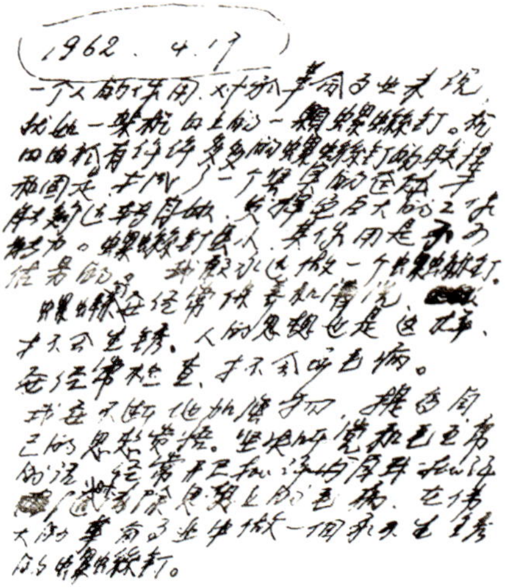

——雷锋手迹

1. 雷锋不仅是工作、学习上的模范，而且是文艺、体育的爱好者。这是他学练手风琴的留影。摄影：佚名

(2-3). 这是雷锋参加沈阳军区体育运动会后在锦州照相馆的留影，照片寄给了堂叔，背面写的是：“赠给父亲留念，此照片是儿当上三级运动员，参加军区比赛时照的。请父亲拿回家给祖父母看一看。”（雷锋小时候曾住在六叔婆家，称堂叔为父亲。）摄影：佚名

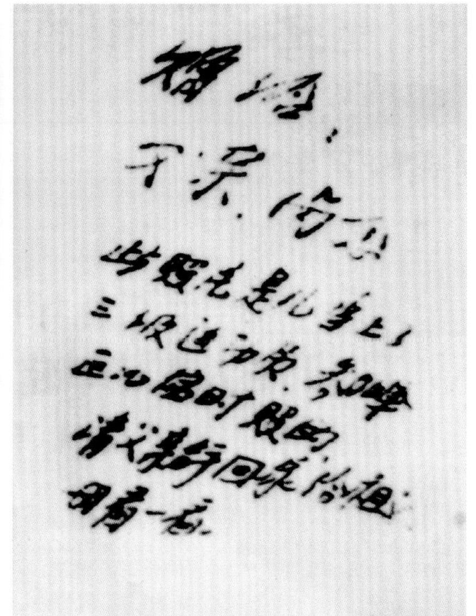

赠给
父亲留念
此照片是儿当上
三级运动员，参加军
区比赛时照的，
请父亲拿回家给祖父
母看一看

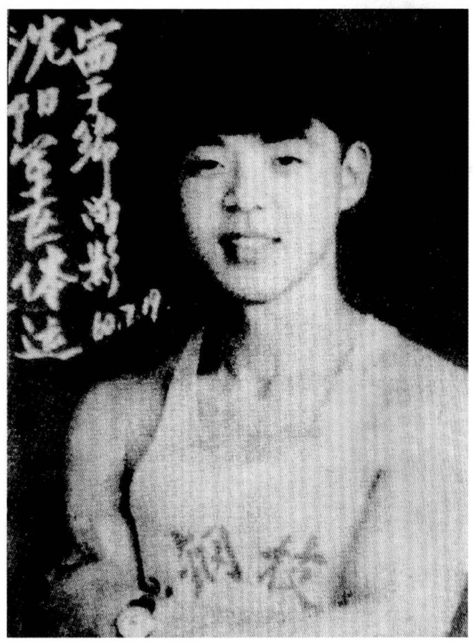

雷锋日记

1961 年

1 月 18 日

在我们前进的道路上，不可能不遇到一些暂时的困难，这些困难的实质，“纸老虎”而已。

问题是我们见虎而逃呢，还是“遇虎而打”？

“哪儿有困难就到哪儿去，”——不但“遇虎而打”，而且进一步“找虎而打”，这是崇高的共产主义风格。

4 月

当你在最困难、最危险、甚至威胁自己生命之时，也能严格地遵守纪律，那就是好党员。我要做一个名符其实的好党员。

1

2

(1–2). 在不同的岗位上，雷锋之所以始终锐意进取、自强不息，感恩之心是其重要的精神动力。图为雷锋在忆苦大会上讲述旧社会的苦难遭遇和解放后的新生活。他深情地说："没有共产党，没有毛主席，就没有我的今天，我一定做一名好战士，来报答党和毛主席的恩情。"
摄影：张峻

1	2
3	

(1–2). 雷锋指着手上被地主婆砍的伤疤，告诫战友，不要忘记过去，激发他们的革命精神。图 1 摄影：陈文辉；图 2 摄影：张泽西

3. 解放前，雷锋在外讨饭时露宿屋檐下，被蚊虫叮咬后抓挠发炎，全身多处红肿流脓滴血，特别是腰上起了个大脓包，走路时腰也伸不直，晚上疼得难以入睡。这个脓包过了 1 个月的时间才好，而雷锋身上却永远留下了这个疮疤。摄影：张泽西

1

2 3

1. 雷锋在全团忆苦大会上。雷锋的感人报告产生了广泛影响，成为部队“两忆三查”活动中涌现的典型。在当时的历史条件下，该活动具有创新意义，对激励部队战斗精神发挥了重要作用。摄影：季增

2. 雷锋应邀到沈阳实验中学为师生们作忆苦报告。摄影：张峻

3. 雷锋在旅顺海军基地军舰上作忆苦报告。摄影：董哲

雷锋日记

1961年

10月19日

有些人说工作忙、没时间学习。我认为问题不在工作忙，而在于你愿意不愿意学习，会不会挤时间。

要学习的时间是有的，问题是我们善不善于挤，愿不愿意钻。

一块好好的木板，上面一个眼也没有，但钉子为什么能钉进去呢？这就是靠压力硬挤进去的，硬钻进去的。

由此看来，钉子有两个长处：一个是挤劲，一个是钻劲。我们在学习上，也要提倡这种“钉子”精神，善于挤和善于钻。

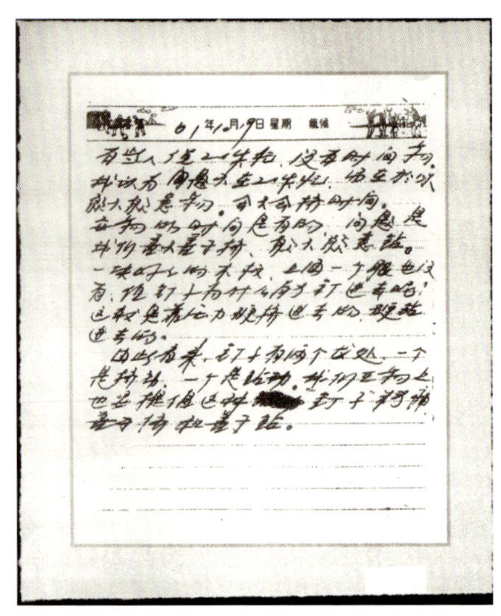

61年10月19日 星期 气候

有些人说工作忙，没有时间学习。
我认为问题不在工作忙，而在于你
愿不愿意学习，会不会挤时间。
要学的时间是有的，问题是
我们善不善于挤、愿不愿意钻。
一块好好的木板，上面一个眼也没
有，但钉子为什么能钉进去呢？
这就是靠压力硬挤进去的，硬钻
进去的。
由此看来，钉子有两个长处，一个
是挤劲，一个是钻劲。我们在学习上
也要提倡这种 [illegible] 钉子精神
善于挤和善于钻。

——雷锋手迹

1

2

1. 雷锋刻苦钻研汽车维修、保养和驾驶技术。这是他在对照教材学习汽车原理和构造。摄影：张泽西

2. 雷锋和战友一起研究节油措施。摄影：季增

雷锋日记

1962年

3月9日

我懂得，一个人只要听毛主席的话，积极工作，就能为党做很多好事情。但，一个人的力量毕竟是有限的，走不远，飞不高，好比一条条小渠，如果不汇入江河，永远也不能汹涌澎湃，一泻千里。

8月9日

今天我看了一位科学家对青年讲的一段话，对我的启发教育很大。他说："你在任何时候，也不要以为自己什么都知道。不管别人怎样器重你们，你们都要有勇气对自己说：'我没有学识！'决不要陷于骄傲。因为一骄傲，你们就会固执起来；因为一骄傲，你们就会拒绝别人的忠告和友谊的帮助；因为一骄傲，你们就会丧失客观方面的准绳。"

这些话好得很，我不但要永记，而且要贯彻到言语行动中。

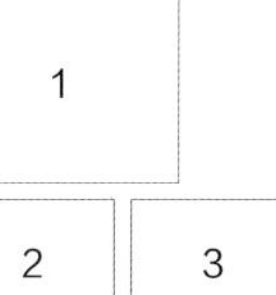

1. 雷锋到全军学习毛主席著作标兵单位——沈阳军区装甲兵某部三连取经。廖初江向雷锋赠送《毛泽东选集》和毛主席像章。摄影：张峻

2. 雷锋与廖初江相处的短短两天时间里，不仅一起学习毛主席著作，相互交流学习和工作体会，而且结下了深厚的战友情。摄影：张峻

3. 雷锋与廖初江和战友一起阅读《毛泽东选集》。摄影：张峻

雷锋诗歌

自题

（1960 年 1 月 10 日）

雷锋同志：
愿你作暴风雨中的松柏，
不愿你作温室中的弱苗。

——于新兵连

力量从团结来

（1960 年 3 月）

力量从团结来，
智慧从劳动来，
行动从思想来，
荣誉从集体来。

——写在日记本上

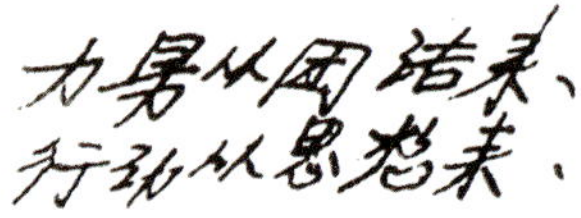

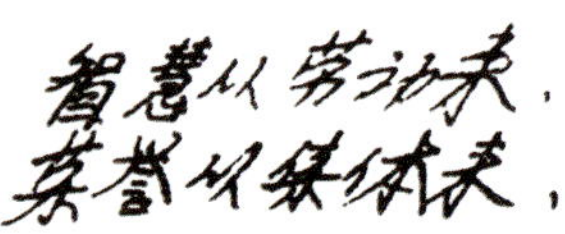

——雷锋手迹

怎样对待困难

（1961年1月18日）

1960年9月，雷锋同志荣获“节约标兵”称号，雷锋所在部队领导机关为了宣扬他的先进事迹，特请雷锋口述，其他同志代笔整理了这份材料。原题为《雷锋同志模范事迹材料》，现在的这个标题是雷锋同志自己改的。

（一）什么是困难

走路这是谁都会的，可是对于刚开始学走路的小孩子来说这就是十分困难的事，为了学会它，他不知道要跌多少次跤，可是没有一个小孩因为跌了一次跤便停止学走路，恰恰相反，当他刚刚学会走路的时候，他是多么高兴啊！他成天地扶着墙壁走来走去，跌倒了又爬起来，每进一步，他就感到快乐，这样经过多次失败以后，他终于学会走路了，原来困难的事，现在丝毫也不困难了。

①世界上有两类不同性质的困难

一类是旧事物在衰亡过程中所遇到的困难，是不能克服的。

一类是新事物在发展过程中所遇到的困难，是可以克服的。

比如：在帝国主义制度下所产生的困难，他们是永远无法克服的，为什么他们无法克服呢？这是因为帝国主义的事业是阻碍社会发展的，是反动的，没落的，不得人心的。

克服困难不仅要我们在主观上认识困难的规律，而且要在客观上具备战胜困难的条件。条件具备了，如果没有我们主观上的努力，困难仍然不能克服；反之，如果条件还没有具备，单有主观上的努力仍然是不能取得效果的。

②怎样对待困难

人们对待困难的态度之所以不同，归根结底有两方面的原因：一方面是由于思想觉悟不同，一方面是由于思想方法不同。

③见物又见人

见物又见人，即不超越客观条件所许可的范围去做那些现时不能做到的事情，又不被客观条件缚住手脚，充分发挥主观能动作用，做好一切经过努力可以做好的事情，这就是我们应该具有的正确的态度。有了这种态度，我们才能有成效，克服我们前进道路上的一切困难。

④有利与不利

我们靠什么战胜困难呢？主要的就是要把一切有利的因素充分地调动起来，用以克服不利的因素。有利因素发扬了，不利因素克服了，困难也就被战胜了。

（二）怎样战胜困难

①深入实际调查研究。

②相信群众，依靠群众。

③抓住关键，彻底解决。

希望一下子把困难全部解决，这样做的结果，那就是十个指头捉跳蚤，一个也捉不到。

④开动机器，苦思多想。

⑤依靠党的领导。

党是我们的引路人，是我们的鼓舞者和组织者，是我们力量的源泉，我们要时时刻刻听党的话，执行党的指示，主动地自觉地依靠党的领导，依靠本单位的党组织，只要真正做到了这一条，我们就能征服困难。

——写在日记本上

艰苦奋斗
勤俭节约

雷锋语录：

有人说：人生在世，吃好、穿好、玩好是最幸福的。我觉得人生在世，只有勤劳，发奋图强，用自己的双手创造财富,为人类的解放事业——共产主义贡献自己的一切，这才是幸福的。

部队每年发给战士两套夏装，雷锋只领一套。发的新袜子送给了战友，自己穿的旧袜子补了又补。摄影：季增

雷锋日记

1959 年
11 月

我们在建设焦化厂当中，住不好、吃不好和工作环境不好等，这些困难都是暂时的、局部的、可以克服的。只要我们有叫高山低头、河水让路的气概，是没有战胜不了的困难的。

1961 年
3 月

什么是时代的美？战士那褪了色的、补了补丁的黄军装是最美的，工人那一身油渍斑斑的蓝工装是最美的，农民那一双粗壮的、满是厚茧的手是最美的。劳动人民那被烈日晒得黝黑的脸是最美的，粗犷雄壮的劳动号子是最美的声音，为社会主义建设孜孜不倦地工作的人的灵魂是最美的。这一切构成了我们时代的美。如果谁认为这并不美，那他就不懂得我们的时代。

雷锋在窗下补袜子。摄影：季增

影像背后

一次，班里打扫卫生，战友发现雷锋床下有一双补了好几层的旧袜子，以为是不要的，就替他扔进了垃圾箱。没想到，雷锋出车回来知道后，赶忙跑到垃圾箱把旧袜子找了回来，洗干净补好接着穿。季增听说雷锋的事迹后，到连队采访，恰巧又看见雷锋在专心补袜子，当即拍了两张他坐在自己床头补袜子的照片。因宿舍光线较暗，季增又拉雷锋到连部文书的床头拍了两张。还怕不保险，又请雷锋坐在窗户下的板凳上拍了这张照片。

1	2
	3

(1-3).雷锋被部队评为节约标兵,连队举办“勤俭节约现场展览会”,把雷锋使用的日常用品摆放在乒乓球台上,让他给大家介绍勤俭节约的经验。图为雷锋在现场讲怎样补袜子。摄影:季增

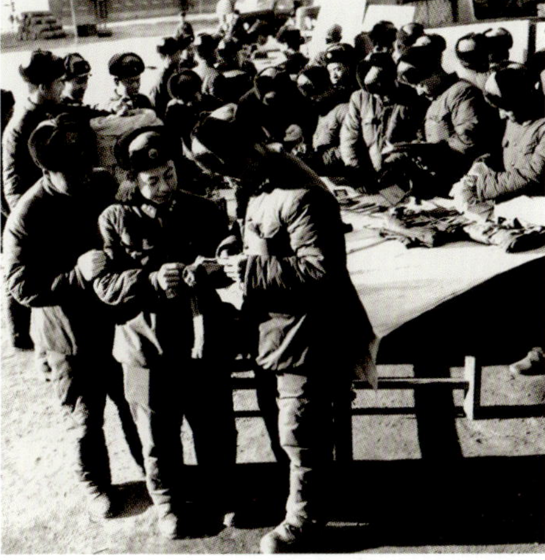

雷锋日记

1961年

4月28日

现在，我们国家处于困难时期。我们是国家的主人，应该处处为国家着想，事事要精打细算，不能今朝有酒今朝醉，明日愁来明日忧。我们要奋发图强，自力更生，克服当前存在的暂时困难，坚决反对大吃大喝，力戒浪费。

……

同志，你是否意识到您的一切生活在幸福之中？可能意识不到，也可能意识到了。当您能吃一顿饱饭，穿上一套衣服，能当家作主，自由地生活，你有如何感觉呢？有一种说不出的幸福感。这是党和毛主席给您带来的，是革命前辈流血牺牲给您带来的。

——雷锋手迹

雷锋在生活上十分俭朴，把点点滴滴节省下来的钱存进银行，用于支援国家建设，帮助他人解决困难。这是雷锋在储蓄所存款时，被季增悄悄抓拍到的镜头。可以清楚地看到，雷锋从钱包里往外拿的，全是分分角角省下来的零钱。摄影：季增

1961年

4月30日

毛主席指示我们："要提倡勤俭建国。要使全体青年们懂得，我们的国家现在还是一个很穷的国家，并且不可能在短时间内根本改变这种状态，全靠青年和全体人民在几十年时间内，团结奋斗，用自己的双手创造出一个富强的国家。社会主义制度的建立给我们开辟了一条到达理想境界的道路，而理想境界的实现还要靠我们的辛勤劳动。有些青年人以为到了社会主义社会就应当什么都好了，就可以不费气力享受现成的幸福生活了，这是一种不实际的想法。"

毛主席的话给了我深刻教育和启发。根据我国目前的情况来看，还存在着许多困难……为着克服这些困难，都要十分地听党和毛主席的话，一切做长期打算……注意节约。

今天，司务长发给我两套单军衣和两套衬衣，我只各领了一套，剩下那两套衣服交给国家，以减少国家的开支，支援祖国建设。

雷锋带领战友回收撒在车箱里的水泥。摄影：张峻

雷锋日记

1962年

3月

不经风雨，长不成大树；

不受百炼，难以成钢。

迎着困难前进，这也是我们革命青年成长的必经之路，有理想有出息的青年人必定是乐于吃苦的人。

5月8日

今天部队发放了夏天的服装，本来每人发两套军服、两双胶鞋……我想，当前国家正处在困难时期，再说，我们的国家还很穷。可是党和人民对我们却还这样无微不至地关怀，使我从内心感激党和人民的关怀。党和人民对我们这样好，我们也得为党和人民着想。应该积极响应党的号召发奋图强，自力更生，处处做到增产节约，发扬我军艰苦朴素、勤俭节约的优良传统。

为了和人民群众同甘共苦，减轻人民的负担，共同克服目前的困难，我只领了一套单军服，一双新胶鞋，其他用品也少领了。以前用过的东西，我都修补好了，继续使用。穿破了的衣服补好了再穿。我觉得就是现在穿一套打补丁的旧衣服，也比我过去披的破烂衣服要好千万倍啊！

1

2 (1–2). 雷锋让来连队的建设街小学的少先队员参观自己的节约箱，讲节约箱的来历。摄影：张峻

积少成多 滴水成河

——记傅长奇爱护国家财产的事迹

（1960 年 9 月 24 日）

傅长奇同志是驻厂部队十五小队五排的汽车司机，担负着基建工程的材料运输任务。他每天驾驶着自己心爱的汽车不知飞奔了多少原野，走过了多少城市村庄，载运了多少基本建设工程所需用的材料。特别是党提出以粮、钢为中心的增产节约运动的号召以后，他的车跑得更快了，不管是白天或者是黑夜，只要工作需要，他的车就跑个不停，所载运的东西大部分是工程所需的水泥。

9 月份，排里开展了一个“每人做一件好事迎接国庆”的活动。全小队的同志立即沸腾起来了。傅长奇更不例外，他的脑子反复想着：“我每天和汽车打交道，能做件什么好事呢？”他看见别人都动手干起来，急得觉也睡不好，总怕落在别人后面。

一天，他把装着水泥的车停在连地以后就在连地附近找做好事的线索去了。一直到别人把车上的水泥卸完了他才回来，他在汽车周围踱来踱去，像找什么似的，忽然发现车厢里还有遗漏的水泥。他想：把这些遗漏的水泥收集起来，这不就做了一件好事吗？从此，他就和本班那红才同志担负起打扫车厢里的水泥的任务，他们提着水桶每天、每车的像挖车缝一样地打扫着水泥，唯恐给国家浪费了一点水泥。傅长奇收集的水泥越来越多，他的干劲也越来越大。有一天，他开车到沈阳，回来时已经是深夜12点钟，大风呼呼地吹着，阴沉沉的天气，伸手不见五指。但是傅长奇同志停车后，忘记了冷，也顾不得吃饭，便急忙借了个手电筒去打扫水泥。这时，车场上的值班员以为他在修理车呢，就向他招呼：“老傅，天这么晚，又没有月亮，等明天再修理吧？”可是傅长奇没吭声仍在那扫，值班员有点奇怪就走上前去，一看原来是打扫车厢里的水泥，便自言自语地说：“我要向老傅学习！”

又一天，傅长奇同志到营部开会，在途中看见一点水泥洒在路上，便掏出手绢把这一点水泥包起来。这消息传开后，五排全体同志都纷纷学习傅长奇那种爱护国家财产的高贵品质，每人都有个小水桶专门收集一点一滴水泥。

一天两天，一点一滴，真是积少成多，滴水成河。傅长奇同志就这样一点一滴的拣回水泥400余斤，给大家树立了一面增产节约的红旗。

致中共辽阳市委的信

敬爱的辽阳市委：

我是 7343 部队 15 分队的一名新战士，我名叫雷锋，是今年 1 月从辽阳弓长岭矿入伍到部队的。由于部队党委和首长对我的不断教育和培养，使我的政治觉悟不断地提高，使我的思想和眼界变得更加的开朗和远大。

现在党中央向全国人民发出了增产节约的号召。目前，在我们的部队里，已掀起了一个轰轰烈烈的增产节约的高潮。我是一个共青团员，我应该积极地响应党中央的这一号召。我看到最近以来，辽阳遭受了百年没有过的大洪水的侵袭，因此使国家和人民的财产受到了很大的损失。现在国家和人民有困难，我是一名中国人民解放军战士，我一定要挺身而出，以实际行动来支援灾区人民。

现在部队每月发给我们 6 元钱津贴，我每月除了理发花 5 角钱外，余下的钱我都存到储蓄所。入伍后我把在工厂时候攒的钱，都带到部队存到了储蓄所。我在部队短短的 7 个月里，又节约了津贴费 30 多元，到现在为止，我已储存了 100 元钱。

今天我怀着万分高兴的心情，将我节约的 100 元钱寄给你们，支援灾区人民公社发展生产。

我的生命是党给我的，党是我慈祥的母亲。我一定要听党的话，永远忠于党，忠于人民，为祖国的壮丽事业贡献我的一切力量。

最后请市委对我多多培养，使我不断前进。

此致

敬礼

中国人民解放军

沈阳部队工程兵战士 雷锋

1960 年 8 月 28 日

千万个雷锋在成长

离开雷锋的日子

乔安山：深情回忆和雷锋在一起的日子

他与雷锋共同工作、生活了近 4 年。工友时，同住过一间宿舍；入伍后，进了同一个班，开同一辆车。

因为最亲密的战友牺牲，退伍后的他要求调离熟悉的环境，开始过“隐居”生活，对外不再提及与雷锋间的关系。直到电影《离开雷锋的日子》的公映，让作为主人公原型的他重新回到真实的生活。

衣着简朴，言谈随和，目光慈祥而真诚，乔安山一如往常在胸前佩戴着一枚雷锋像章。

采访这位曾经与雷锋朝夕相处的老人，笔者恍惚觉得雷锋回到了身边，自己就在与雷锋对话，并切身感受到了雷锋伟大的平凡。乔安山讲到激动处，眼眶里闪着泪花：“我和雷锋曾经是工友、战友、好朋友，他也是我的大哥。我俩感情非常好，他给我买过书、买过笔记本，教我学文化，给我的太多太多。”

乔安山视雷锋为“楷模”。他说：“几分钟、几秒钟可以成就一个英雄，而楷模却需要时间的打磨。雷锋就是一辈子做好事的楷模，雷锋的一辈子仅有22年。他做的好事也没有一件是惊天伟业，都是小小不言，你我他能学能做的平凡事。所以雷锋的伟大而平凡，是可以效仿的。”

几十年来，乔安山的命运坎坎坷坷，日子过得跌跌撞撞，他却从没有后悔过。心里有委屈的时候，他就去雷锋墓前，“跟大哥唠唠，心里面也敞亮了”。

与“比较富裕”和“奢侈”的工友曾是铁哥们

1941年5月15日，乔安山生在辽宁省辽阳一户贫苦家庭，乳名“小二子”。乔安山排行老三，上有哥哥乔高山、姐姐乔淑文，下有一个弟弟乔雪山。

1956年9月，乔安山进入鞍山市一家砖场做临时工，1956年底到鞍钢第二炼铁厂当上了一名正式工人。

许多人知道乔安山是雷锋的战友，却不知道在参军入伍以前，他们就是同住一起的工友了。他们相识是在1959年8月鞍钢弓长岭矿。当时，乔安山在鞍钢下属的炼铁二厂工作，而雷锋则不久前刚从湖南被招工到鞍钢下属的焦化厂。两人同住在一幢130多号人的集体宿舍里。1940年出生的雷锋长乔安山1岁，虽然一副娃娃脸，个头仅1.54米，但待乔安山却像一位年长许多的兄长。乔安山性子急，脾气不好，雷锋却整天乐呵呵的，性情开朗，两人性格互补，很快就成为形影不离的好朋友。“雷锋原名叫雷正兴，当工人的时候他希望自己做工业先锋，就给自己改了名字叫雷锋”。

“雷锋个子不高，但很精神，身体很结实，干什么都是一副兴冲冲的样子。现在想想，雷锋也真奇怪，他身体里仿佛有着特别的能量，一说到工作，说到生产，说到如何提高劳动技能，他就变得很兴奋，小小的个子，却总有使不完的劲儿。”乔安山说，在鞍钢期间，雷锋已经拿到了每月30多元的工资，他没有亲人，也就没有家庭负担，“每月不用像我们一样，把大部分钱寄回家里补贴家用，所以他是当时工人中比较富裕的一个。生活勤俭的他便把挣来的钱存起来，只要谁有困难，他便帮助谁”。

“当年在鞍钢，我们宿舍独身100多人，文化素质都比较低，会写家信的没几个。他自己买来信纸信封，礼拜天在走廊里摆个小桌子，帮工友们写信。他跟大家说：‘你们谁想写信啊？我可以帮你们写。’”嘴巴甜、手脚勤、心肠热的雷锋，很快跟陌生的工友们打成一片，并被他们亲切地称为“小雷师傅”。乔安山说，大家都很尊重他，在工厂的时候也有人叫他“小先生”。

1959年11月14日的一场夜雨，让乔安山进一步认识雷锋“思想特别好”。当晚，乔安山被雷锋叫醒，当时窗外电闪雷鸣，雨声滴答。雷锋大声说，他见工地上有好多水泥，如果遭雨淋就完了，他要乔安山跟他招呼大伙“抢救国家财产去”，于是，乔安山跟着他逐间敲门喊人起床。大家用雨衣、苫布、席子遮盖水泥，雷锋见盖不住，又脱下棉衣，然后跑回宿舍抱来了他的被子……7200 袋水泥被及时遮盖了。雷锋在日记中记载了这一天的事："……经过一场紧张的战斗，避免了国家财产受到重大损失。很高兴自己能为国家为党做了一点点工作。"组织上敏感地捕捉到这件事情中所蕴含的时代意义——社会主义建设中的主人翁精神的垂范作用。于是《矿报》刊登了雷锋"雨夜抢救国家财产"的事迹。这是雷锋的名字首次在小范围内彰显。

乔安山回忆说，我俩在一起做的最多的事就是聊天和看电影。一次，5 公里地外的地方放电影《智取华山》，雷锋兴冲冲地拉着乔安山一起去看，"他怕晚了，看不到开头，一路上连跑带颠，嘴里还不停地跟我说着工厂里的工作，连走带说，越说越精神。我一声不吭地听着，走着，生怕被他落下"。

当时，我国与苏联关系很好，不少东西都学苏联，其中跳舞就是一项，那时还有个口号："不会跳舞就不是个好工人！"每到周末，车间团支部都要组织团员青年在俱乐部跳舞，"雷锋接受新东西很快，尽管个子不高，但舞姿标准，很受大家欢迎。而我学得慢，跳得较差"。乔安山见过雷锋戴手表、穿皮夹克、毛料裤、皮鞋跳舞，也记得雷锋这些"大件"的由来。

在鞍山鞍钢总厂的一次舞会上，有个老乡看到雷锋那身油渍的工作服和打了补丁的回力鞋，就对雷锋说：这再也不是受压迫、剥削的旧时代了，当一名新时期工人，就要有崭新的形象！

第二天，刚好是休息日，雷锋来鞍钢后第一次进城，他买了手表、毛料裤、皮鞋、皮夹克，把自己装扮一新。

“这些物品当时大概总价值在100多元。”乔安山说。“作为一个青年人，对美的追求是完全合情合理的，只不过，雷锋更注重的是对内在美的追求。”入伍后，乔安山就再也没见他穿过这些衣物。雷锋平时穿着打着补丁的军装和袜子，一个月只花5角钱理发和买必备的牙膏等物品。然而，当抚顺和辽阳等地区遭到洪水灾害，每月津贴仅6元的他，却一下捐出了相当于33个月的津贴——200元钱。

“人民的困难，就是咱们的困难……”雷锋和他说过的话，至今仍回荡在乔安山的耳畔，从相识到牺牲，乔安山的记忆中，雷锋总是在笑呵呵地缝补衣物、津津有味地捧着书本，不抽烟、不喝酒、不爱下馆子，甚至没来得及谈一场恋爱。

与如影随形的战友同开一辆车

1959年12月，鞍钢全厂召开征兵动员大会。第二天傍晚，雷锋推开宿舍的门问乔安山：“小乔，你参军不？”乔安山出身农村，家里需要他当工人的工资贴补家用，他本来是不想当兵的。但雷锋是他最亲近的伙伴，已志愿入伍，乔安山便欢快地回答：“你去我就去，明天我就报名。”

让乔安山气愤的是，曾有文章说原本身体条件不合格的雷锋，为了当兵而故意踮起脚尖以增加身高，还往口袋里装些石头以增加体重。“这怎么可能?!体检的时候都是要脱了衣服检查的，怎么可能往口袋里装石头?”

乔安山说：“其实，雷锋的身高、体重都基本合格了，符合当兵的条件，主要是政审时‘没有档案’，他才被列为‘复查’的对象。他为啥没有档案？主要是焦化厂的李书记舍不得放雷锋去当兵，因为雷锋来到他们厂之后不长的时间里，就先后被评为‘红旗手’、‘先进生产者’、‘社会主义建设积极分子’等，给他们厂里挣了不少荣誉，李书记不想放雷锋走，他是党委书记又不好说别的，就想设置个‘障碍’，说‘档案丢了’。当时部队去领兵的军务参谋叫戴明章，与雷锋有过接触，觉得这个人非常好，就想要雷锋去当兵。可是没有档案怎么办？戴参谋就打电话向团里首长请示。首长说：‘只要这个青年表现好，没有档案也没关系，可以先入伍后补档案。’就这样，我俩1960年1月8日正式入伍。”

“火车把我们新兵拉到营口之后，部队先开了个大会，雷锋代表新兵发言，讲得非常好。”入伍后，两人新兵训练时在一起，后来雷锋被安排到新兵营当过几天通讯员，再后来两人一同被分到运输连，两人的关系一直很密切。

到了部队之后，雷锋变得更加活跃，他不仅每天很早起床，主动打扫营区的卫生，还帮助炊事班的战士洗菜、做饭，主动担任新兵连读报员。很快，部队里大多数人都知道了运输连有一个特别勤快、爱做好事的小个子湖南兵。刚开始的时候，大家都觉得雷锋这个小青年活泼可爱，与众不同。但是慢慢地有些人也开始有了另外的想法：他们觉得雷锋太特殊了，似乎有点太'爱出风头'。雷锋为此还难过了很长一段时间，一次聊天的时候他跟我说：'看来还是我做得不够好，让战友们误解了。'"在乔安山印象里，雷锋好像从来没有抱怨过别人，他总是首先从自身找原因，严格要求自己，事事争先，从来不允许自己落后。

雷锋先担任三班副班长，1961 年下半年四班班长退伍后，他便被调到四班任班长。这时，雷锋向组织申请，要求将乔安山调到自己班里。他的这个要求得到批准，后来每次出车时都是他们两个人一台车。直到雷锋牺牲，两人一直没分开过。

当时运输连有一辆抗美援朝时期苏联卖给中国的"嘎斯"51型卡车，已有好些年的历史，机件磨损严重，是全连有名的"耗油大王"。其他战友都不愿意要这辆车，而雷锋却主动向连里申请开这辆车。

为了根治这辆车耗油的毛病，雷锋牺牲了不少的休息时间，翻阅了有关的书籍，向连里的老同志请教，摸索出一套节油的窍门。例如汽车行驶中充分利用滑轮的惯性，汽车起步前不轰大油门，保养汽车时不用汽油清洗零件等。经过雷锋的精心维护和保养，这辆车变成了节能标兵车。

为了克服开车时打瞌睡的毛病，雷锋在驾驶室里备了三件

东西，那就是木棒、水壶和湿毛巾。每当犯困难受时，就用湿毛巾擦擦脸，再困时就用木棒敲敲脑袋，或者让副驾驶帮自己敲敲脑袋。

雷锋牺牲后，他生前用过的物品都已成为珍贵的文物陈列在抚顺市雷锋纪念馆展厅里，唯独雷锋生前开过的汽车一直陈列在雷锋团里，因为雷锋团舍不得割爱。许多观众到馆参观时都问："雷锋开过的汽车在哪里？是个什么样？"1994 年，抚顺市雷锋纪念馆馆长为了满足观众了解雷锋，学习雷锋的要求，专程和乔安山一起从沈阳军区找到总装备部，从电影制片厂找到汽车制造厂，结果都没有找到那个型号的车。

1998 年 10 月，《雷锋精神永恒》巡回展到了山西太原。乔安山在去刘胡兰纪念馆参观学习的路上，突然发现有一辆嘎斯 51 型汽车停在路边，于是立即与随行的抚顺市雷锋纪念馆馆长下车同车主商量。真是踏破铁鞋无觅处，得来全不费工夫。在乔安山的指导下，在抚顺市邮政局的资助下，1999 年 2 月这台车修复完毕，终于出现在抚顺市雷锋纪念馆的展台上。

许多观众看到雷锋开过的这种型号的车，就会联想到雷锋擦车、雷锋与战友们一起在汽车上学"毛选"、雷锋在汽车上与战友交流汽车技术、雷锋修理化油器等事迹。如今"雷锋车中学毛选"这一大型组合场景，在"雷锋车"的装点下使雷锋形象更加栩栩如生，雷锋事迹更加生动感人。

在乔安山的记忆中，雷锋活泼、开朗，爱唱爱跳。用乔安山的话说："雷锋的性格非常可爱。"雷锋的湖南口音重，歌也唱得不咋的，但每次班里排演节目，他总是抢着参加。虽然是闻名全军区的先进，但雷锋没有一点架子，因此与同志们相处得非常好。乔安山记得，由于班里种的大白菜长蜜虫，须用烟丝泡水杀虫。周末班会上，雷锋笑眯眯地说："明天全班上街……"说到这里，他故意停下来，班里战士既兴奋又奇怪："怎么全班可以一起逛街？"看着大家急切的表情，雷锋才忍住笑说出后面三个字："捡—烟—头！"班长当时那说话的神态，活泼的样子一直清晰地印在乔安山的脑海里，如今想起来恍若隔日。

乔安山当年没有上过学，连自己的姓名也不会写，于是，雷锋热心教乔安山学政治、学文化，关心他的生活和家庭。乔安山的家信都是雷锋帮着写的，其中收到的两次回信中提到乔安山的母亲因病需要钱治疗，雷锋知道后当即分两次给乔安山家里寄去了数十元，而乔安山却一直不知道。有一次，乔安山的母亲来连队看望乔安山，当母亲提到"你寄的钱我都收到了"时，乔安山第一反应就是雷锋做了这件事。他前去感谢雷锋，雷锋却说，"我是孤儿，没有家，你的家就是我的家，你的母亲就是我的母亲，给你母亲寄钱就等于给我母亲寄钱一样——孝敬母亲是应该的。"后来，乔安山的母亲为雷锋量了脚的尺寸，为他做了双布鞋，然而可惜的是雷锋还没来得及穿上这双鞋就殉职了。

4 年时间里，两人形影不离。乔安山说："我俩没红过脸。"

唯一一次招致雷锋不悦，是乔安山将雷锋教他学文化的本子当了卷烟纸。“一次，他看到我没有笔记本，就去给我买来了笔记本和笔，手把手地教我学写字、学算术。当时我吸烟特别厉害，也没有钱去买烟，就把他给我买的笔记本撕下来，卷烟吸，没多久一本笔记本就被我撕完了。那段时间，雷锋除了督促我学文化，就是劝我戒烟。他说：你就是没有毅力！你看看《钢铁是怎样炼成的》，人家保尔·柯察金就戒了。我说，他也是炼钢的呀？这句话把雷锋逗笑了。”

难以释怀的老班长牺牲真相

在公众场合，经常有人见到乔安山，远远地就喊：“他就是那个撞死雷锋的人。”有时也有人在公开场合，这样介绍：“他就是当年撞死雷锋的战友乔安山。”一次，在铁岭火车站前，乔安山正与一位朋友谈事。过来一人，见到乔安山大喊：“这不是老乔吗？雷锋不就是你整死的吗……”

每每这种时候，乔安山五味杂陈，老人的心里一直在淌血……关于雷锋的死因，全国各媒体有很长一段时间保持着沉默，至多只提一句“因公殉职”。直到前些年，才有一些影视片和新闻报道反映了当时的部分情景，但也不确切。

乔安山说：“有一部电影《雷锋》，说是我在倒车时雷锋被撞，其实根本就不是那么回事。真实情况是一根茶碗口粗的柞木杆，有一人多高，而不是什么电线杆。另外，不是倒车而是前进……”

当年任沈阳军区工程兵政治部保卫处中尉助理员的史宝光，曾参与有关雷锋牺牲的情况调查。史宝光说，这是自己军旅生涯中最不同寻常的一次事故鉴定。“1962 年 8 月 15 日中午的时候，工兵团派人来沈阳汇报说，刚才雷锋因车肇事身亡！政治部领导感到事态重大，当即决定立案调查，并派我和搞摄影的宣传处干事张峻进行现场调查。我俩乘吉普车，大概两点多钟的时候到达抚顺望花区的事故现场。那时，那里只有几个留守的人，战士们在别处施工还没回来呢。”

史宝光、张峻先听取了团里和连里的汇报，但他们谁也不是目击人，都说不太清。于是他们来到出事地点，即九连营房东山侧的一条人行通道口，还让当事人乔安山把所开的 13 号嘎斯汽车开到现场重演事故经过。

乔安山当时很紧张，他以为史、张是军法处派来的人，要来逮捕他的。史宝光和张峻说不是的，他们是来调查情况的，乔安山才逐渐稳定了情绪，对询问一一做了回答：

他和雷锋驾驶嘎斯汽车，从工地执行任务回来时已接近午饭时间，雷锋与其商量，先把汽车冲洗干净后再回连，以备下午出车快捷。车便往九连炊事班室外水龙头处开。但汽车要走到水龙头处，就要走九连营房和房前一排晾衣杆之间的土道，由于有一根晾衣的木杆竖在入口处，所以要驶上这条道还得先拐个直角弯，这是不可能一次性就开得进去的。雷锋便下车查看地形，乔安山来驾驶。

当时雷锋是站在汽车左前方，离这根晾衣杆两米远左右指挥进车："进——退——打轮——"等。车的前轮和车厢越过木杆后，乔安山看班长给他一个通过的手势，就开了过去。这时耳边"喀嚓"一声，他猛一回头，只见班长倒在地上，木杆已经折断。他急忙刹车，跑到雷锋身边，看到雷锋呼呼喘气，不省人事，就急喊救人。

雷锋被火速送到抚顺矿务局西部职工医院抢救，但这里条件有限，于是又转到沈阳军区 202 医院，路上用了 50 多分钟。不过终因伤势太重抢救无效，雷锋永远地闭上了眼睛。医生的诊断结论是：雷锋因头部右侧太阳穴受木杆重击，造成颅骨骨折，脑内大量出血而致死。令人悲痛的是，这木杆仅有 6×6 厘米规格，却轻易夺去了一个那样热爱生命、热爱祖国、党和人民的伟大战士的生命！

史宝光在现场勘察时发现，那根木杆是从根部折断的，木杆上粘有黑色橡胶末，而车轮后胎上也有明显擦痕。除此之外，车厢板和木杆的上部均未发现刮碰的痕迹。据此，史、张二人认为：通道进口狭窄，加之地面不平，左高右低，木杆根部埋有凸头，致使汽车驶入时，车身倾斜，从表面上看是刮碰不到木杆的，而唯有车后轮胎左外侧，挤压到木杆根部，才使木杆从根部折断。加上晾衣铁丝的牵拉反弹力量，迅速击向雷锋，造成悲剧。

搞清楚基本事实后，调查人员据此分析研究认为：这次伤亡事件，既不是乔安山有意所为和驾驶员的责任；又不是雷锋指挥的失误，而是一次偶然意外。因此经过一下午的工作，史宝光以上级保卫部门代表的身份提出事故的初步性意见，即"以身殉职、意外事故"。

当晚，史宝光向从工地赶回营房的团政委韩万金做了汇报，并同连队指导员高士祥共同研究，由其出面，找乔安山谈话，为他卸下思想包袱。同时，史、张还到医院看了雷锋的遗容。那时雷锋躺在医院病床上，脸上干干净净的，仅在脸上包裹着纱布，仿佛仅是受了点轻伤还在安睡。张峻当时还为雷锋的遗容拍摄了几张照片。战士们给雷锋戴上了军帽，换上一套新军装，把遗体运回连队，并摆放在一间活动室。为防止天热遗体腐坏，史宝光还特地买来 4 块大冰砖镇在雷锋遗体下面。

此后，史宝光向沈阳军区工程兵政治部打了正式报告《关于雷锋同志的牺牲经过、性质和处理意见》。这个报告很快就得到了各级组织认定和同意。后来在军内外发布的讣告和通讯报道，均以此结论为准。

史宝光日后解释说，为什么说是"以身殉职"呢？因为雷锋是在工作岗位上牺牲的，他是作为班长在指挥本班战士乔安山驾车时牺牲的。为什么说是"意外事故"呢？一般人谈到雷锋牺牲原因时，常说是汽车撞的，其实不准确。事实上不是汽车直接撞的，而是汽车撞倒木杆，木杆打到雷锋头上。木杆也不是顺向打到头上的，而是在铁丝的拉力作用下打到的。这个过程有三个环节，是让人意想不到的，当然是意外事故。这是比较客观、准确、得当的。说明雷锋不是无谓牺牲，也不是责任事故，既不影响雷锋形象，也不认为乔安山有直接责任。

最好的战友、最亲爱的兄长死在自己的眼皮底下，“死在自己的失误中”，乔安山悲痛欲绝。

“当时雷锋的丧事料理主要是由团政治处主任崔东基负责，他与有关同志商量后，认为雷锋是抚顺市人大代表，因此应该将这件事向抚顺市委作个汇报。雷锋牺牲的第二天清晨，抚顺市广播电台也广播了雷锋以身殉职的消息，这样一来，全市人民都知道了这个消息，雷锋的公祭大会也由部队扩大到了地方。”当时，乔安山和连队及班里的战友负责给雷锋守灵。乔安山的泪水一直不停地往下流，他模模糊糊地看到，会场里已经挤满了人，可是人流还是不断地涌进来，外面更是排起长队……

当时乔安山被告知雷锋之死的对外口径是“因公牺牲”，要他保密。虽然组织上百般劝说他不要背包袱，但战友的死长时间使乔安山抬不起头。直到今天，提起几十年前的往事，乔安山仍然久久不能释怀。

红色作家，中国赤壁文学院院长、

《中华儿女》首席记者：佘玮

雷锋并没有走远

近年来，我从南到北跋涉着，一次次探寻雷锋的人生履痕，探访雷锋平凡而伟大的世界。我在望城简家塘倾听雷锋的故乡亲友讲述有关“庚伢子”的年少往事，在荷叶坝仿佛听到了雷正兴朗朗的读书声，在沩水河畔“看到”雷锋迎风冒雨直奔抢险工地的身影，在团山湖“找到”了雷锋驾驶当地首台拖拉机的倩影，在鞍钢“欣赏”到雷锋优美的舞姿，在辽阳弓长岭感受到雷锋运土挑石的劲头，在抚顺搜集到许多传颂雷锋“好事做了一火车”的佳话……从雷锋的亲属、玩伴、领导、同事、工友、战友、摄影宣传员、学生等的述说中，我清晰地追溯雷锋的来时路，感喟雷锋伟大品格的深厚积累。

原来雷锋并没有走远，离我们很近、很真实。雷锋敢于吃亏的“傻子”精神、善于钻研的“钉子”精神、艰苦朴素的“补丁”精神、敬岗爱业的“螺丝钉”精神、关心下一代的“园丁”精神，是真善美的象征，是时代的旗帜。雷锋没有走，雷锋的生命以另外一种形式在延续、在闪光！雷锋短暂的生命，铸就的却是不灭的精神火炬！

红色作家、中国赤壁文学院院长、
《中华儿女》首席记者：余玮

毛主席为雷锋题词的前前后后

1961–1962 年间，雷锋的照片和感人事迹已在军内的《前进报》和辽宁的几家地方报上多次发表了。部队战友对雷锋的熟悉和喜爱自不必说，地方上成千上万的百姓也都夸奖这位解放军战士，许多单位邀请他去作忆苦思甜的报告，不知多少人为他流下悲痛、同情和庆幸的热泪。还有一些小学聘任他为校外辅导员，雷锋叔叔的英名和形象深深扎根在少先队员们的记忆里。

1962 年 8 月 15 日，雷锋牺牲后，全国各地、军内军外对雷锋的宣传掀起了新的更加浩大的声势。1963 年 1 月 7 日，中华人民共和国国防部批准雷锋生前所在部队运输连四班为“雷锋班”。命名大会召开后，新华社、《人民日报》、《解放军报》、《中国青年报》等全国主要媒体均对雷锋平凡而又伟大的事迹加大宣传力度，在全国全军产生了空前的轰动效应，雷锋的名字家喻户晓，响彻长城内外、大江南北。紧接着，几家大报刊又把雷锋事迹写成报告文学，并同时配发评论和雷锋日记摘抄，文艺界的作家和诗人也都通过撰文和写诗热情地颂扬雷锋精神。一个自觉学习雷锋的活动，在全国各行各业轰轰烈烈地展开了。

面对全国宣传雷锋的火热局面，当时团中央机关刊物《中国青年》杂志当然应带头响应、责无旁贷，但作为半月刊的《中国青年》杂志，在宣传速度上和报纸相比自然是稍逊一筹的，因此，他们立即发动全社人员献计献策，并召开编委会，精心研究，开动脑筋，另辟蹊径，千方百计找出新的角度，迎头赶上甚至超前于全国宣传雷锋的其他兄弟报刊。编委会上，有人提出把五、六期《中国青年》合刊，出版“学习雷锋专辑”；也有人提出请董必武、林伯渠、谢觉哉、郭沫若等党内名望甚高的“四老”为雷锋题词。这些设想应该说都很好，也都得到了同仁的首肯，但细究起来，其宣传速度和力度仍然会落在其他报刊的后面。这时，会上一直沉默不语的思想修养组组长王江云提议：能否请毛主席题词？王江云不鸣则已，一鸣惊人，他的建议一石激起千层浪，话一出口，便得到了大家的热烈响应和一致赞同。但冷静之后，人们又都认为请毛主席题词，非同小可，不是一般的动议，是不是有点太敢想敢干了？能有把握吗？会上又有人说：不试怎么能知道行不行呢？与会者都觉得试一试有道理，最后决定：请毛主席为雷锋题词。

写给毛主席的信的内容是："现在全国已掀起一个向雷锋同志学习的热潮，我们《中国青年》拟出一期学习雷锋的专辑，向全国人民推荐这个先进典型，教育青年一代在社会主义时期更好地锻炼成长，恳请您老人家为雷锋题词。"

打好草稿后，请一位毛笔字写得最好的同志，工工整整地抄写下醒目的两行大字：中南海，呈毛主席。

用那时的北京话说：《中国青年》的年轻人胆子够"肥"的呀！竟敢烦劳毛主席他老人家题词。中直机关有人听说此事后，不敢相信这是真的。他们说，毛主席给刘胡兰题过词——"生的伟大，死的光荣"，为白求恩和张思德分别写过纪念文章，可那是发生在战争年代，和平时期还未见他老人家给其他普通人题过词，是不是有点儿异想天开？

给毛泽东的信是1963年2月15日送到中南海的，年轻人性急，过了几天见没动静，便打电话催问。当时任毛泽东秘书的林克说，毛主席已看过了你们呈上来的信，但是还没有表态。换句话说，就是没拒绝，还有戏！

毛泽东在阅读《中国青年》的来信前，已经从《人民日报》上读到了雷锋的事迹和日记摘抄，也阅读了团中央的关于开展向雷锋学习的汇报材料，他在思考中国的前途和未来。1962年，他曾有过一次谈话，说美国要想在中国第一、第二代身上进行和平演变是不可能的了，他们只能把和平演变寄希望于中国的第三代第四代身上。一个有实际意义的想法在毛泽东的脑海里油然而生，要教育青少年有坚定的信念和远大的共产主义理想，雷锋不正是一个鲜活的教材和绝好的榜样吗？

毛泽东题词这一天，是2月22日。

以下是毛泽东秘书林克晚年的回忆：

"……我将他们《中国青年》杂志社的要求报告了毛主席。毛主席让我先拟写几个题词供他参考。我回办公室，思索了一番，拟好了十来个题词，立即送给了他。我现在还可以回忆起其中几个题词的大致内容，如：'学习雷锋同志全心全意为人民服务的思想'、'学习雷锋同志鲜明的阶级立场'、'学习雷锋同志大公无私的共产主义风格'、'学习雷锋同志艰苦朴素的作风'、'学习雷锋同志毫不利己、专门利人的优良品德'、'学习雷锋同志勤奋好学的革命精神'等等。2月22日，毛主席睡醒以后，值班警卫员打电话告诉我，主席让我去一下。我带着事先选好的文件，随即将新文件放到他床头的长桌上。他示意我坐下，我便在他床前一张藤桌旁的椅子上坐下来。这时，毛主席从他身体左半边床的书堆上拿起了一张信纸递给我，我一看，只见他已在纸上用毛笔书写了'向雷锋同志学习'七个潇洒飘逸的行草字。我为他拟的十来个题词，他一个也没用。这时，他吸了一口香烟，从容地带着询问的目光问道，'你看行吗？'我爽快地回答说：‘写得很好，而且非常概括’。毛主席好像要解释为什么没有采用我拟的题词这一疑问似的，接着说道：‘是嘛，学雷锋不是学他哪一件好事，也不是学他某一方面的优点，而是要学他的好思想、好作风、好品德；学习雷锋长期一贯地做好事，而不做坏事；学习他一切从人民的利益出发，全心全意为人民服务的精神。当然，学习雷锋要实事求是，扎扎实实，讲求实效，不要搞形式主义。不但普通干部、群众学习雷锋，领导干部要带头学，才能形成好风气。’现在看来，毛主席的这番讲话不仅指出了学雷锋的方法，而且指明了雷锋身上最本质的东西；特别是指出了学雷锋的方向。毛主席谈完之后，我便回到我的办公室，打电话给《中国青年》杂志编辑部，告诉他们，毛主席的题词已经写好了，请他们到中南海西门来取。应当特别指出，毛主席在题词之前，就阅读了报纸上有关雷锋的报道，了解雷锋的事迹。他曾对当时的军委秘书长罗瑞卿说过：雷锋值得学习。”

《中国青年》杂志社领导接到电话后，非常兴奋，派年轻的摄影记者兼通讯员刘全聚，立即骑上摩托车，向中南海奔去。几十分钟后，毛泽东书写的“向雷锋同志学习”几个刚劲有力的大字便展现在大家面前。

毛主席为雷锋题词的消息很快传遍了新闻界，各大报刊纷纷要求刊登毛主席题词手迹。

1963年3月2日《中国青年》第5、6期合刊出版，在历史上首先发表了毛主席“向雷锋同志学习”的题词。三天后，也就是1963年3月5日，《人民日报》《解放军报》《光明日报》《中国青年报》等都在头版显著位置刊登了毛主席的手迹。从这一天起，一个学习雷锋的活动在全国范围内以排山倒海之势蓬勃兴起。之后每年的3月5日也就成了学习雷锋的纪念日。

1963年3月6日，即首都各大报发表毛主席题词的第二天，《解放军报》独家发表了在京的国家领导人刘少奇、周恩来、朱德和邓小平的题词手迹。

刘少奇的题词是：“学习雷锋同志平凡而伟大的共产主义精神。”

周恩来的题词是：“向雷锋同志学习，憎爱分明的阶级立场，言行一致的革命精神，公而忘私的共产主义风格，奋不顾身的无产阶级斗志。”

朱德的题词是：“学习雷锋，做毛主席的好战士。”

邓小平的题词是：“谁愿当一个真正的共产主义者，就应该向雷锋同志的品德和风格学习。”

陈云的题词晚几天，内容是：“雷锋同志是中国人民的好儿子，大家向他学习。”

共和国第一代领导核心的集体行动，呼应并强化了毛泽东题词的声势，宛如众星捧月，为学习雷锋活动的广泛开展起到了推波助澜的作用。

编自《穿越时空的雷锋》，作者马铬，河南文艺出版社

报刊上的雷锋

学习雷鋒同志专輯

1963 年第 5、6 期
（合 刊）
1963 年 3 月 2 日出版
代号：2——39

編辑者：中国青年社
社址：北京[illegible]文路 3 号
电話：(5) 1 8 0 2
出版者：中国青年出版社
地址：北京[illegible]11号
电話：(4) 4 7 6 1
印刷者：中国青年出版社印刷厂
厂址：北京[illegible]
总发行处：邮电部北京邮局
訂購处：全国各地邮局
代售处：全国各地新华书店
定价：每册 0.24 元

伟大的普通一兵——雷锋同志

1963 年 5–6 期《中国青年》杂志刊登的毛主席题词

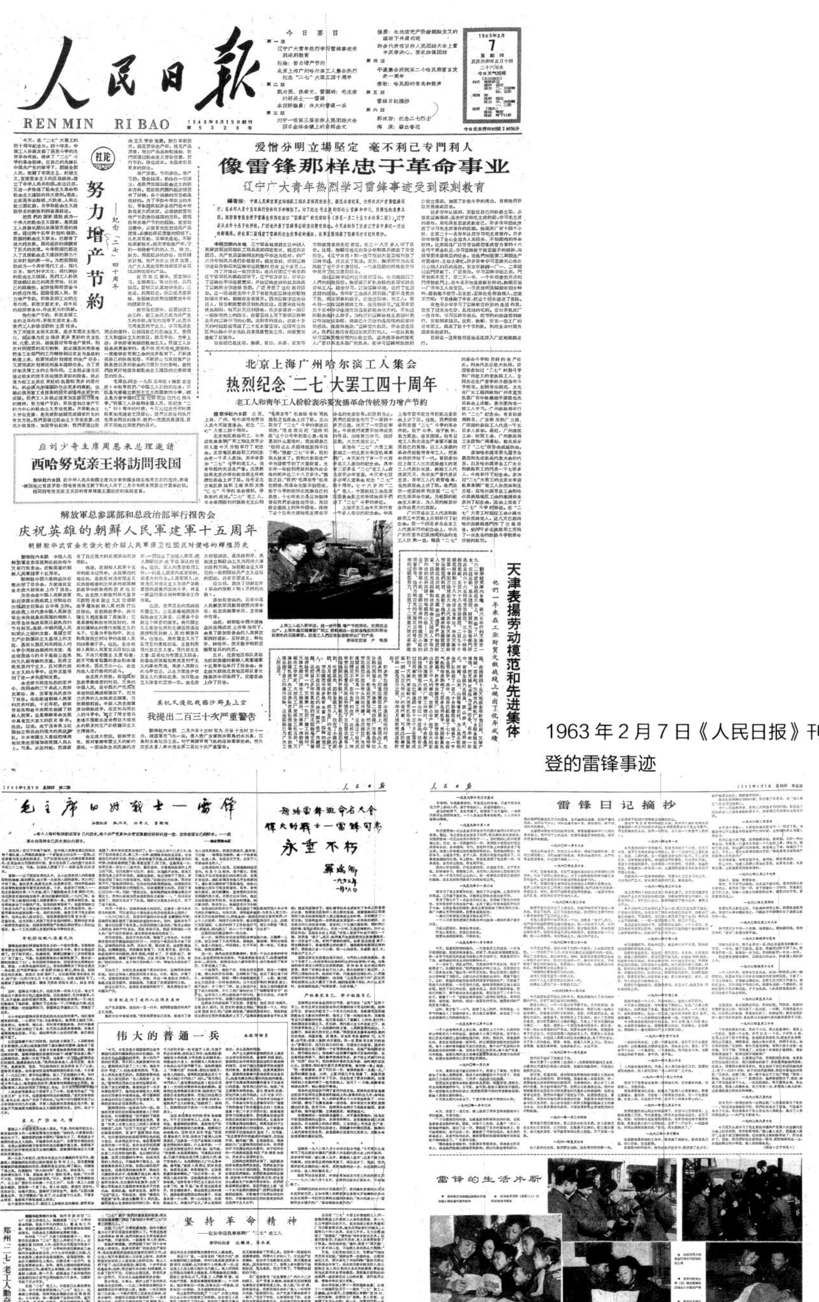

人民日報

RENMIN RIBAO

爱憎分明立場堅定　毫不利己专門利人

像雷锋那样忠于革命事业

辽宁广大青年热烈学习雷锋事迹受到深刻教育

社論：努力增产节約——纪念“二七”四十周年

北京上海广州哈尔滨工人集会

热烈纪念“二七”大罢工四十周年

老工人和青年工人纷纷表示要发扬革命传统努力增产节约

应刘少奇主席周恩来总理邀请

西哈努克亲王将訪問我国

解放軍总参謀部和总政治部举行报告会

庆祝英雄的朝鮮人民軍建軍十五周年

美机又侵犯我西沙群島上空

我提出二百三十次严重警告

天津表揚劳动模范和先进集体

毛主席的好战士——雷锋

伟大的普通一兵

坚持革命精神

郑州“二七”老工人勤奋工作

雷锋日记摘抄

雷锋的生活片断

1963 年 2 月 7 日《人民日报》刊登的雷锋事迹

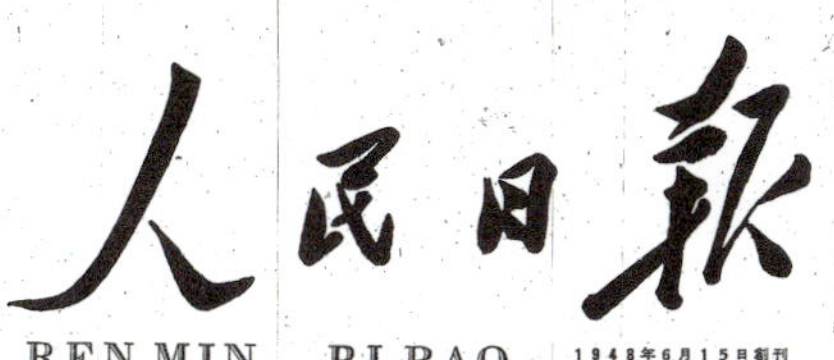

REN MIN RI BAO

1948年6月15日創刊
第5352号

今日要目

第一版

毛主席題詞：向雷鋒同志学习

中国巴基斯坦两国政府联合公报

布托外长率巴基斯坦代表团回国

社論：和平解决中印边界問題的坚定不移立場

第二版

罗瑞卿：学习雷鋒

二十四个大煤矿头两月超额完成計划

第三版

朝鲜一批工厂企业超额完成二月份生产計划

北京市青年集会热烈欢迎南越青年代表团

第四版

美国和西欧国家在"多边核力量"問題上发生激烈冲突

日本神戶一万人集会示威反对美国核潜艇在日进駐

1963年3月
5
星期二
夏历癸卯年二月初十
十一驚蟄
今日天气預报
（北京地区）

今日北京开印时間2时52分

中国巴基斯坦两国政府联合公报

中巴关于边界問題协定的签訂，对巩固和发展两国友好睦邻关系具有重大意义，并对巩固亚洲和世界和平作出了貢献。双方願意在平等和互不干涉內政的基础上促进两国合作。——巴基斯坦将继续争取通过和平談判解决巴印之間的克什米尔爭端。中国政府贊賞巴基斯坦政府的立場，——两国希望通过中印直接談判公平合理解决中印边界爭端

新华社四日訊 中华人民共和国政府和巴基斯坦共和国政府联合公报

一九六三年三月四日

（一）一九六二年十二月，中华人民共和国政府和巴基斯坦政府就中国新疆和由巴基斯坦实际控制其防务的各个地区相接壤的边界的走向，达成了原則协議。中华人民共和国政府向巴基斯坦当时的外交部长穆罕默德·阿里先生发出了訪問中国的邀請，以签訂正式边界协定。穆罕默德·阿里先生不幸逝世，訪問未能实现。中华人民共和国政府随又向巴基斯坦外交部长佐勒菲卡·阿里·布托先生，发出了邀請。

（二）佐·阿·布托先生在他的代表团的陪同下，于一九六三年二月二十六日到达中国，至一九六三年三月四日結束訪問。在訪問期間，布托先生到了广州、上海和北京。他受到了中国政府和中国人民的热烈欢迎。

（三）中国共产党中央委員会毛泽东主席和中华人民共和国刘少奇主席接見了布托先生和他的代表团，并且同他們进行了亲切友好的談話。中国国务院总理周恩来、副总理兼外交部长陈毅元帅和巴基斯坦外交部长布托先生举行了会談，会談是在友好、坦率的气氛中进行的。

（四）一九六三年三月二日下午三时，两国外交部长在人民大会堂签訂了中国和巴基斯坦之間的边界协定。刘少奇主席、周恩来总理和中国的其他領导人参加了签字仪式。

（五）双方同意，按照上述协定第四条的规定早日成立一个負責实施該协定的联合标界委員会。

（六）在会談中，两国政府的代表回顾了中巴两国建交以来两国友好关系的发展。双方特別滿意的是，中巴两国政府本着平等合作、互諒互让的精神，通过友好协商，解决了实际存在于两国之間的边界問題，并且签訂了边界协定。这件事显示了在互相尊重和具有善意的基礎上进行友好协商，是解决边界分歧和其他国际爭端的有效办法。双方相信，这項边界协定的签訂，对于巩固和发展中巴两国的友好睦邻关系具有重大意义，并且对于巩固亚洲和世界和平作出了貢献。

（七）两国政府的代表重申他們对一切国家享有主权和平等地位的信念和对各国人民享有按照他們的自由意志决定自己命运的基本权利的信念。双方一致表示願意在平等和互不干涉內政的基础上促进中国和巴基斯坦之間的合作。

（八）关于巴印之間的克什米尔爭端，巴基斯坦外交部长重申，巴基斯坦过去一貫而且今后将继续争取通过和平談判，同印度就此爭端达成公平和体面的解决。中国政府贊賞巴基斯坦政府謀求和平解决克什米尔爭端的立場，并且相信这个問題的迅速解决将有助于亚洲和世界的和平。

（九）关于中印边界爭端，两国政府的代表希望通过中印两国直接談判，求得公平合理的解决。中国政府重申，它争取通过談判和平解决中印边界問題的决心是不会改变的。

布托外长率巴基斯坦代表团回国

陈毅副总理兼外交部长到机場热烈欢送貴宾

陈毅副总理兼外交部长到机場欢送貴宾：佐·阿·布托外交部长

布托外长电謝陈毅外长

人大常委会批准中蒙边界条約

中国老撾友好协会正式成立

支持老撾人民正义斗爭 发展中老人民友好关系

《中国青年》出版学习雷鋒专輯

毛主席題詞向雷鋒同志学习

周恩来董必武等同志的題詞和詩文同时发表

新华社四日訊 三月二日出版的《中国青年》学习雷鋒同志专輯上，刊登了毛主席的題詞。

毛主席題詞的全文是："向雷鋒同志学习　　毛泽东"。

《中国青年》以《用雷鋒的学习态度学习雷鋒》为題发表了社論。社論說：毛主席的"向雷鋒同志学习"的伟大号召，必将得到我国青年的热烈响应，把学习雷鋒的热潮推向新的高峰。

这期《中国青年》还发表了周恩来总理的題詞："雷鋒同志是劳动人民的好儿子，毛主席的好战士"，董必武、郭沫若、罗瑞卿、謝覺哉等写的詩和文章。此外，还有介紹雷鋒生平事迹的通訊，近三万字的《雷鋒日記摘抄》，以及雷鋒遺詩等。

尼泊尔大使設午宴招待周总理

社論　和平解决中印边界問題的坚定不移立場

1963年3月5日《人民日报》刊登的毛主席题词

人民画报 1977 6

毛泽东选集 第五卷

向雷锋同志学习

毛主席的好战士雷锋同志。

雷锋是中国人民解放军某部运输连的班长。一九六二年八月十五日因公殉职，当时年仅二十二岁。他短暂的一生是平凡而伟大的一生。

雷锋出生于湖南省一个贫苦农民的家庭。在万恶的旧社会，他从七岁起就成了一个孤儿。解放后，他得到了党和政府的亲切关怀和培养。一九五六年，他从高小毕业后就走上了工作岗位。他自觉地响应党的每一个号召，在国营农场，他是优秀的拖拉机手；在鞍山钢铁公司，他是出色的推土机手。在不同的工作岗位上，他多次被评为先进生产者、红旗手、标兵。一九六〇年，他怀着保卫祖国的强烈愿望，参加了中国人民解放军，入伍十个月就加入了中国共产党。他多次立功受奖，并被选为抚顺市人民代表。

雷锋同志生前把马列主义、毛泽东思想比作人的粮食，比

雷锋同志帮助驻地学生学习党的艰苦奋斗的优良传统。

向雷锋同志学习

作战士的武器，比作汽车上的方向盘，认真学习，努力实践。他留下了二十多万字的日记。他曾在一篇日记里写道："人的生命是有限的，可是，为人民服务是无限的，我要把有限的生命，投入到无限的为人民服务之中去……。"他是这样写的，也是这样做的。在他身上体现了中国工人阶级和劳动群众的高贵品质，体现了中国共产党和她所领导的人民军队的优良传统。

一九六三年三月，伟大的领袖和导师毛主席亲笔题词，向全党全军全国人民发出了"**向雷锋同志学习**"的伟大号召。敬爱的周恩来总理也曾题词，对雷锋精神作了精辟的概括："向雷锋同志学习憎爱分明的阶级立场，言行一致的革命精神，公而忘私的共产主义风格，奋不顾身的无产阶级斗志"。敬爱的朱德委员长也题词勉励我们："学习雷锋做毛主席的好战士"。

十四年来，向雷锋同志学习的群众运动在全国蓬勃开展。这对于推动广大干部和群众尤其是青年学习马列和毛主席著作，树立共产主义世界观，对于造成毫不利己专门利人的社会风尚，对于掀起社会主义革命和社会主义建设的高潮产生了深刻的影响。

可是，王张江姚"四人帮"反党集团出于篡党夺权、复辟资本主义的罪恶目的，竭力破坏毛主席倡导的学习雷锋的群众运动，贬低和丑化雷锋同志的光辉形象。他们不准演出毛主席和周总理看过的话剧《雷锋》。一九七六年三月，敬爱的周总理逝世不久，"四人帮"在他们直接控制的报刊上，公然删去周总理对雷锋的光辉题词。

英明领袖华主席在领导我们全党全军和全国人民深入揭批"四人帮"，抓纲治国，发展大好形势的时候，又亲笔题词，号召大家："向雷锋同志学习，把毛主席开创的无产阶级革命事业进行到底。"敬爱的叶剑英副主席也题了词："向雷锋同志学习，全心全意为人民服务。"这极大地鼓舞了全国亿万军民，学习雷锋的群众运动必将出现蓬勃发展的新局面，全心全意为人民服务的雷锋精神将在我国更加发扬光大。

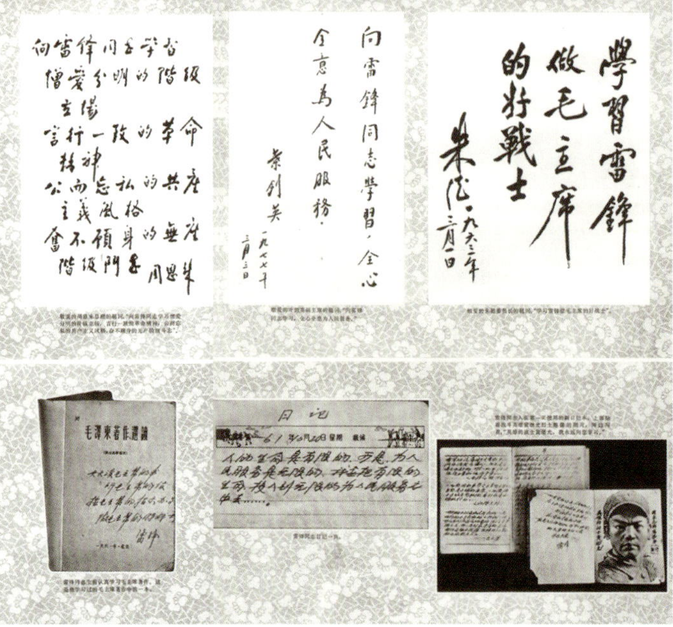

敬爱的周恩来总理的题词："向雷锋同志学习憎爱分明的阶级立场，言行一致的革命精神，公而忘私的共产主义风格，奋不顾身的无产阶级斗志"。

敬爱的叶剑英副主席的题词："向雷锋同志学习，全心全意为人民服务。"

敬爱的朱德委员长的题词："学习雷锋做毛主席的好战士"。

雷锋同志生前认真学习毛主席著作。这是他学习过的毛主席著作中的一本。

雷锋同志日记一页。

雷锋同志入伍第一天使用的日记本。上面贴着他手书[illegible]的照片，写道："英雄的战士黄继光，我永远向你学习。"

10

1977 年 6 月《人民画报》刊登的雷锋事迹

1977 年 6 月《人民画报》刊登的学习雷锋报道

学习雷锋　助人为乐

广州部队塔山英雄团炮连战士、共青团员吴运海入伍两年，坚持向雷锋同志学习，经常做好事，年年立功受奖。这是吴运海正在帮助驻地七十多岁的贫农老大娘担水。

在广泛开展学习雷锋的群众运动中，天津市延安中学初二九班八名同学经常在节日、假日到公共汽车站帮助售票员做清洁工作。

北京市和平里第二小学的两名红小兵，在校外辅导员解放军同志的帮助下，坚持四年接送患腿病的同学上学。

雷锋精神代代传

英明领袖华主席，早在雷锋家乡湖南省工作时就满腔热情地关怀和支持学习雷锋的群众运动，他和常委其他领导同志一起亲自批准了关于在湖南长沙建立雷锋纪念馆的报告。雷锋纪念馆建成后，华国锋同志曾两次去参观、指导。图为长沙各界群众在雷锋纪念馆前举行隆重纪念毛主席光辉题词**“向雷锋同志学习”**发表十四周年大会。

雷锋生前辅导过的学生、现在担任抚顺市雷锋小学党支部副书记的陶颖同志和同学们一起认真学习毛主席、华主席、周恩来总理、叶剑英副主席、朱德委员长关于向雷锋同志学习的亲笔题词。他们决心在华主席为首的党中央领导下，高举毛主席的伟大旗帜继续开展学习雷锋的群众运动，把毛主席开创的无产阶级革命事业进行到底。

13

纪念品上的雷锋

各种纪念雷锋的像章、海报、笔记本等宣传品

连环画上的雷锋

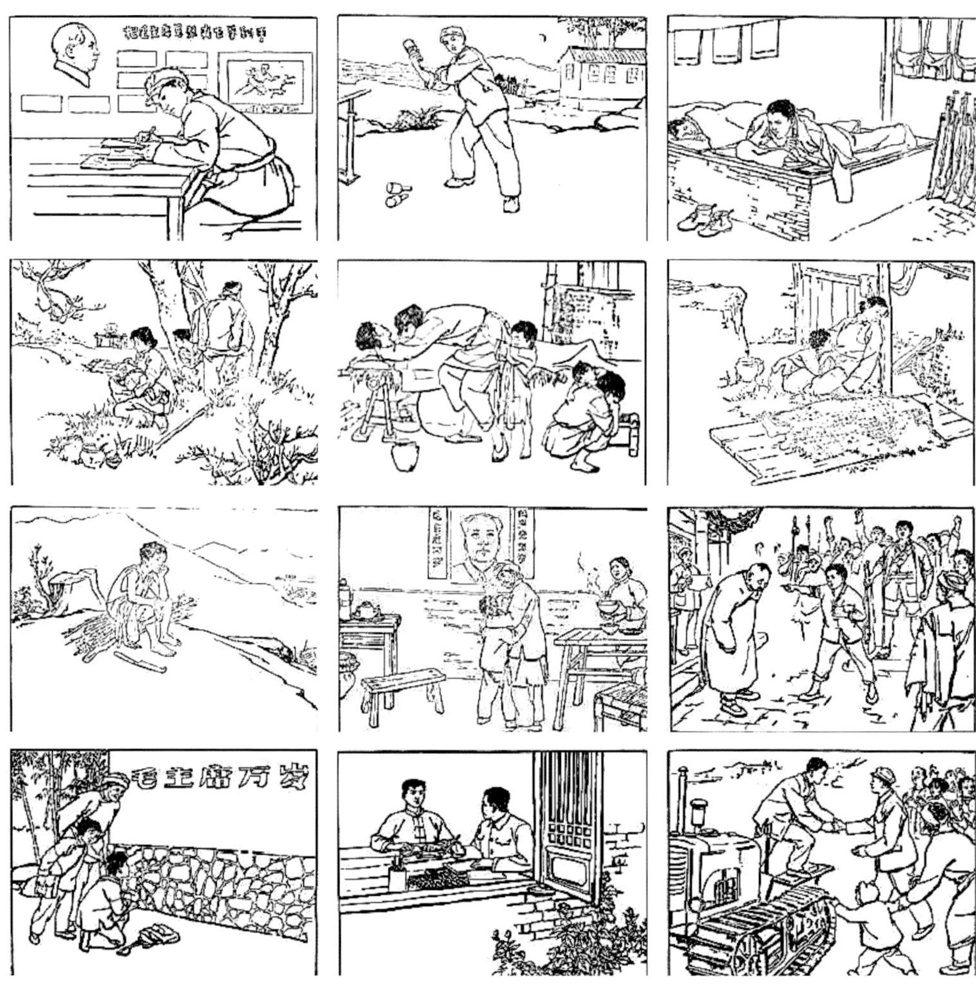

反映雷锋精神的连环画

1964年电影《雷锋》

红色院线
RED MOVIES
中国战争电影永恒经典
Lei Feng
雷锋
党同义 杨秦华 于纯绵 周保平 何延凤 徐力
八一电影制片厂 摄制
中国三环音像社 出版

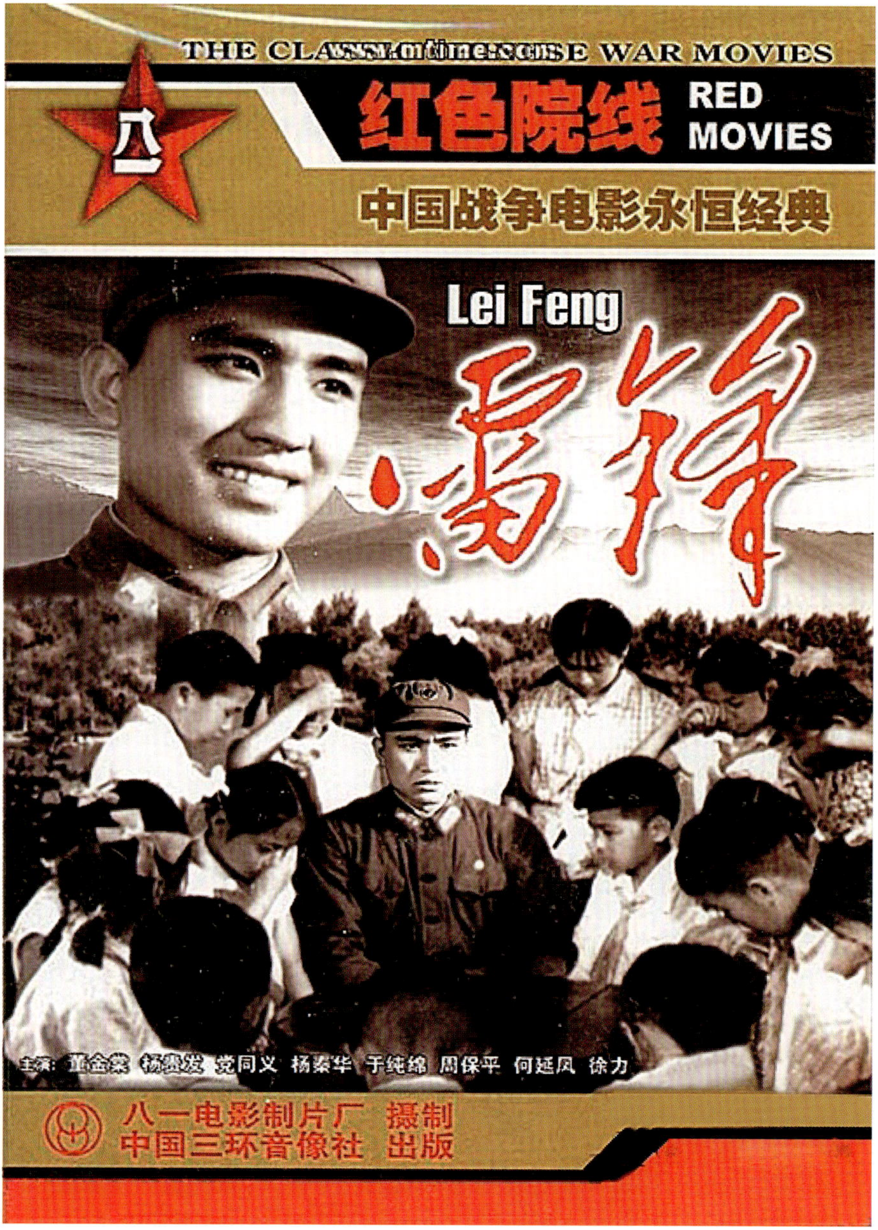

《离开雷锋的日子》

影像背后

1964年董兆奇导演的电影《雷锋》，是当时同类影片中比较重要的一部。它表现了雷锋认真学习毛泽东思想，不断提高思想觉悟，在平凡的工作岗位上创造出不平凡的业绩。影片选取了几个具有代表性的生活片断，借助朴素的白描手法，集中表现了雷锋大公无私、艰苦朴素、全心全意为人民服务的高尚品德。这种艺术表现风格与雷锋的性格相吻合，有效地表现和反映出雷锋的内心世界，使人物形象丰满生动，成功地塑造了雷锋的光辉形象。

《离开雷锋的日子》则是由吴军、刘佩琦、宋春丽主演的弘扬雷锋精神的电影。该影片在金鸡奖、华表奖、长春电影节、大学生电影节中都斩获了奖项。影片反映了雷锋生前的亲密战友乔安山在雷锋去世后的这些年里，以雷锋为榜样无私奉献的感人故事。

话剧《雷锋》

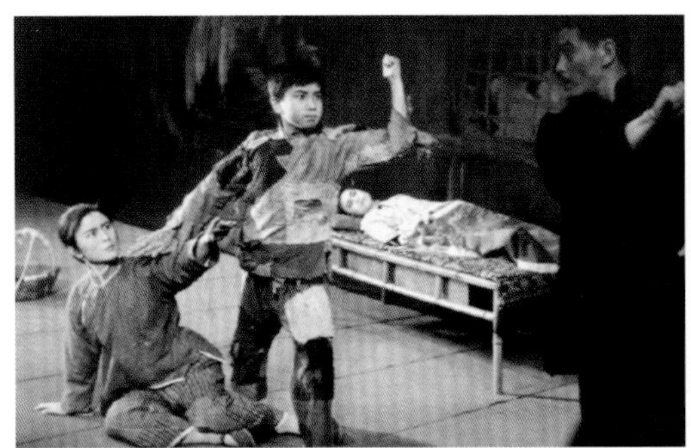

影像背后

在纪念毛主席题词“向雷锋同志学习”发表 14 周后，人民解放军沈阳部队政治部话剧团在沈阳公演了话剧《雷锋》。话剧《雷锋》，是沈阳部队政治部话剧团的文艺工作者创作并演出的，它生动地表现了伟大共产主义战士雷锋的光辉事迹和高尚品质。1963 年“八一”建军节，毛主席和周总理在北京观看了话剧《雷锋》，并多次鼓掌。演出结束后，又同演员们亲切握手、照相。

纪录片《永远的雷锋》

影像背后

《永远的雷锋》是由总政治部联合《求是》杂志社等单位拍摄、中央电视台军事节目中心承制的6集文献电视片。为纪念雷锋因公殉职50周年，该片于2012年8月15日起在中央电视台七频道首播。各集内容分别为“士兵荣誉”、“平凡本色”、“情系人民”、“追寻战友”、“爱心传递”和“心灵召唤”。

《永远的雷锋》是一部深入贯彻党的十七届六中全会精神，推动学雷锋活动常态化，迎接党的十八大胜利召开的重大题材纪录片。从今年3月开始，该片摄制组奔赴辽宁、湖南等15个省市，拍摄了200多小时高清素材，收集到国内有关影视制作机构拍摄制作和档案馆、博物馆等收藏的雷锋史料，内容涵盖雷锋生前珍贵影像和录音；乔安山、庞春学、薛三元等雷锋战友，易秀珍、王佩玲、张建文等雷锋工友，沈阳军区雷锋团、长沙警备区“雷锋示范班”、阜宁汽车客运总站学雷锋队、邓州“编外雷锋团”等学雷锋先进集体，黄祖示等上世纪六七十年代学雷锋老典型，郭明义等新时期学雷锋优秀代表，以及今年陆续涌现出的“最美女教师”、“最美司机”、“最美卫士”等先进典型。

皮影戏《雷锋的故事》

影像背后

山亭区皮影戏传人、退休教师邢如雨现在是传统技艺——邢氏皮影的最后传人，在雷锋逝世 50 周年之际，邢如雨将雷锋助人为乐的事迹改编成皮影戏，到当地部分中小学校义演，教育学生向雷锋学习、传承雷锋精神。

雷锋班

“雷锋班”历任班长见面会

雷锋战友学雷锋

1. 毛主席的好战士雷锋同志生前所在的人民解放军沈阳部队工程兵某部运输连四班，被国防部授予“雷锋班”的光荣称号，四班的战士们一直保持和发扬了雷锋的优良作风。摄影：张峻

2．雷锋同志毫不利己专门利人的高贵品德被“雷锋班”战士继承下来，他们走到哪里就把好事做到哪里。图为“雷锋班”战士在帮助群众干活。摄影：赵志华

3．雷锋生前所在的班“雷锋班”的战士，继续保持和发扬雷锋同志艰苦朴素的优良作风。这是“雷锋班”班长于泉洋（左）和新战士曲建文（右）用雷锋遗留下来的针线包缝补衣袜。 摄影：董哲

4．“雷锋班” 担任100多所学校的校外辅导员。图为战士和抚顺雷锋小学的孩子一起绣国旗。 摄影：王明芳

5. 雷锋生前战友、雷锋班副班长周述明1964年退伍回乡后，虽然多次变换工作，但无论走到哪里，他就把雷锋精神带到哪里；他在哪个单位工作，哪个单位就是学习雷锋的先进典型，被群众誉为我们身边的“活雷锋”。图为周述明在古南镇为团员、青年举办的“雷锋故事会”上。 摄影：刘前刚

6. 2005年3月2日，“雷锋班”17位历任班长齐聚沈阳建筑大学，向全国大学生发出“我与雷锋同行、我与时代同步”的倡议，并与数千名师生一起为雷锋铜像及“雷锋班”退役汽车落户校园举行纪念活动。自1963年国防部命名“雷锋班”至2005年，“雷锋班”已历任21名班长，本次共有17位从全国各地聚首沈阳。 摄影：郭大岳

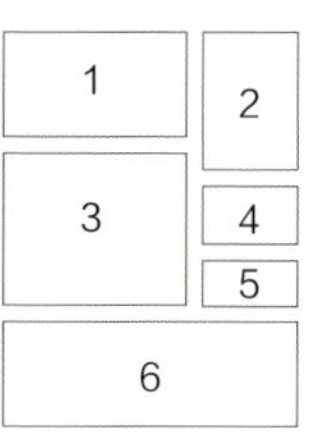

1. 乔婷娇是雷锋的亲密战友乔安山的孙女，为弘扬雷锋精神，她入伍来到雷锋团，在军营里的雷锋纪念馆担任解说员。在“雷锋团”，见过和没有见过雷锋的一代代战友们，秉承着雷锋的精神，延续着雷锋足迹。聚是一团火，散是满天星。走进了“雷锋团”，也就走近了雷锋：不论穿上军装还是脱下军装，都是雷锋的传人。在河南、在辽宁、在四川、在山东……在拥有雷锋生前战友的地方，都有学雷锋的旗帜在飘扬；“雷锋团”走出去的官兵中，有1200多位成了各地学雷锋的带头人。摄影：李刚
2. “雷锋班”在新浪网上开通了微博，用新媒介宣传雷锋精神。摄影：李刚

1

2

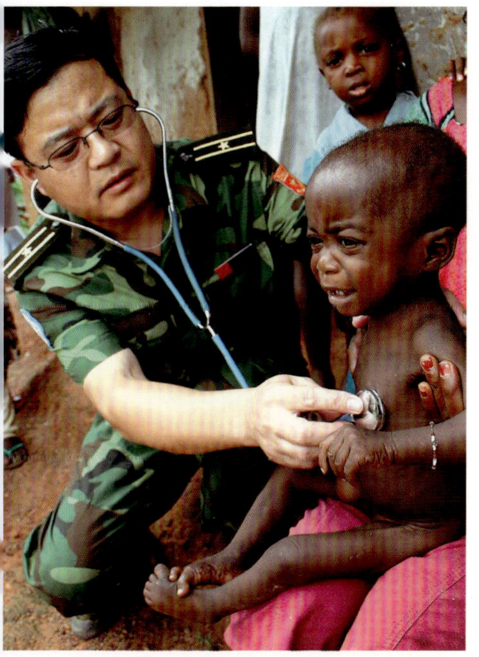

1．由雷锋生前所在团官兵为主组建的中国驻利比里亚维和工兵分队 2004 年 4 月到达蒙罗维亚后，在完成既定任务外，还义务帮助当地人修建足球场、打井，为老百姓送医送药、排忧解难。图为 2004 年 10 月 11 日，中国赴利比里亚维和工兵分队医生谢正国正为 6 个月大的婴儿伊万检查身体。 摄影：费茂华

2．560 名郑州籍“雷锋战友”在退伍还乡的近 50 年间，不仅成为平凡岗位上的“螺丝钉”，还把“春天般的温暖”带给周围的人，给这座小城深深烙上了雷锋的印记，成为远近闻名的“雷锋城”。图为 2012 年 2 月 21 日，郑州“编外雷锋团吧友营”开展的募捐活动现场。摄影：李安

1

2

活雷锋：朱伯儒

朱伯儒，1937年生，1955年参加中国人民解放军，在武汉空军某部当飞行员。

1970年初，朱伯儒因患耳疾停飞，被分配到远离部队的豫西山区某工地工作。偏僻的山区，艰苦的生活，妻儿的分离，他还是毫不犹豫地作出了选择：告别了刚调来3个月的妻子和不满两岁的孩子，打起背包奔赴新的战斗岗位。

到了工地，展现在他面前的是贫穷的群山，简陋的工棚。每天的工作就是搬石头、装沙子，累得腰酸腿疼，汗水淋漓。被称为“天之骄子”的飞行员，从机场来到山沟，不论工作条件还是生活条件都有天地之差。

在各种困难面前，他没有退缩。他转战在各种临时性的单位，当过参谋、民工队长、管理员，一干就是9年，没有固定的工作。有人称他是“临时工”，他不在乎；有人怀疑他犯了错误，他不理会；有人要他走后门换个好工作，他不干。他在“临时工”这个岗位上，没请过假，没旷过工。

几年前，朱伯儒是背着一个背包上工地的；几年后，他还是背着一个背包离开工地。他被提升为空军某油库管理股长、副主任，地位变了，而且又负责管钱管物，但他从不利用自己的职位谋取特权。一事当前，先替群众打算。油库按成本出售一些家具，朱伯儒也没买。有一次，他哥哥给他带来4块进口表，说是给他家4个人一人一块，还说要给他买一台进口彩色电视机，都是便宜货。朱伯儒一样也没有要。他对哥哥说："你这些东西没上过税，不合法，再便宜我也不要。"他还教育哥哥不要做这些违法的事。

朱伯儒是个普通干部，薪金并不多。但他们全家生活克勤克俭，艰苦朴素，把省下来的钱，几十元，几百元，送给那些急需要用钱的人。

多年来，朱伯儒不但在工作上踏踏实实地干，而且在生活中始终以雷锋为榜样，发扬党的优良传统，保持同人民群众的密切联系，竭尽所能地为群众做了大量排忧解难的好事。他义务赡养过10人，把7人从死亡线上抢救过来。他先后21次立功受奖，被人们誉为20世纪80年代新雷锋。

一个失足青年为朱伯儒的真诚信任和高尚情操所感动而痛改前非，是他给了这位青年生活的信心和希望。当群众遇到危险时，他挺身而出，舍身相救。朱伯儒曾在武汉东湖跳进冰冷的湖水，救起一个落水青年；又在隧道塌方的危急时刻，奋不顾身地把民兵推出险境；还在旅途中热心照顾一位突然犯病的华侨老太太，使这个海外生活多年的缝纫工感受到了祖国的温暖……

活雷锋：郭明义

郭明义，男，1958 年 12 月生，成人本科学历。1977 年 1 月参军，并于 1980 年 6 月在部队加入中国共产党，曾被部队评为“学雷锋标兵”。1982 年 1 月，复员到鞍钢集团矿业公司齐大山铁矿工作。先后在矿用大型生产汽车驾驶员、车间团支部书记、矿党委宣传部干事、车间统计员兼人事员、矿扩建工程办公室英文翻译等岗位工作。1996 年至今，任齐大山铁矿生产技术室采场公路管理员。

入党 30 年来，他时时处处发挥先锋模范作用，在每个工作岗位上都取得了突出的业绩。从 1996 年开始担任采场公路管理员以来，他每天都提前 2 个小时上班，15 年中累计献工 15000 多小时，相当于多干了 5 年的工作量。

1990 年以来，他坚持 20 年无偿献血，累计献血 6 万毫升，相当于自身总血量的 10 倍。

1994 年以来，他为希望工程、身边工友和灾区群众捐款

12 万元，先后资助了 180 多名特困生，而自己的家中却几乎一贫如洗。一家 3 口人至今还住在鞍山市千山区齐大山镇，一个 80 年代中期所建的、不到 40 平方米的单室里。

2006 年以来，他 8 次发起捐献造血干细胞的倡议，有 1700 多名矿业职工参与；其中，齐大山铁矿汽运作业区大型生产汽车司机许平鑫同志与武汉的一名白血病患者配型成功，成为全国第 1066 例、鞍山市第 5 例成功捐献者。

2007 年以来，他 7 次发起无偿献血的倡议，共有 600 多名矿业职工参与，累计献血 15 万毫升。

2008 年以来，他发起的希望工程捐资助学活动，已有 2800 多名矿业职工参与，资助特困生 1000 多名，捐款近 40 万元。

2009 年以来，他发起成立的遗体（器官）捐献志愿者俱乐部，已有 200 多名矿业职工和社会人士参与，是目前国内参与人数最多的遗体（器官）捐献志愿者俱乐部。

为此，他先后荣获了齐大山矿先进生产者标兵、模范共产党员，矿业公司先进生产者、模范共产党员，鞍钢先进生产者、精神文明建设标兵、优秀共产党员、鞍钢劳动模范，鞍山市优秀义工、道德模范、无偿献血形象代言人、特等劳动模范、辽宁省道德模范提名奖、希望工程突出贡献奖、全国无偿献血奉献奖金奖、全国红十字志愿者之星、中央企业优秀共产党员、全国五一劳动奖章等荣誉称号。

雷锋走向全国走向世界

1. 雷锋辅导过的小学生陈亚娟，后来成为一名解放军战士。她参军后，先后当过炊事员、饲养员、电话员。始终做到干一行，爱一行。图为 1972 年她和张大娘一起学习毛主席著作。

2. 共产党员张华是当代有理想、有道德、有文化、守纪律的优秀大学生，是雷锋式的好青年。1982 年 7 月 11 日为抢救落入粪池的老社员魏志德，年仅 24 岁的张华献出了自己年轻的生命。
张华为人民牺牲后，第四军医大学党委批准他为革命烈士、优秀共产党员，追记一等功。中国人民解放军总后勤部和国务院教育部分别作出决定和发出通知，表彰张华同志的先进事迹，号召人们向张华学习。张华关心同学胜过关心自己。平时哪个同学生病住院或有什么困难，他总是热情帮助。图为张在为同学洗衣服。

3. 1981 年 3 月 1 日，首都广大青少年开展"'学雷锋'为人民"服务日的活动。东城区 300 名新长征突击手和总参、空军所属部队 250 名立功受奖战士来到北京站清扫环境、维持秩序、扶老携幼，热情为过往旅客服务。摄影：顾德华

4. 1990 年 2 月 21 日，南京大学政治系 35 名学生到驻宁部队临汾旅军营学雷锋。图为女大学生们为刚刚训练归来的战士洗衣服。摄影：高梅及

5. 1982 年 3 月 5 日，广州市团委组织全市共青团员开展"学雷锋、做好事"活动。图为孩子们看到叔叔为群众理发，禁不住齐声同呼："雷锋叔叔好！"。摄影：李凤贤

6. 1997 年天津和平区坚持以推荐、表彰先进为契机，进一步宣传、动员、激励和组织广大群众，调动和发挥他们的创建热情，推动群众性精神文明创建活动深入开展。图为志愿者义务帮市民配钥匙、修鞋。

7. 1990 年 3 月 4 日，在山东农机学院任教的加拿大女教师贝克小姐主动参加淄博市组织的学雷锋活动，为青少年学习英语义务咨询。她对记者说："雷锋属于中国，更属于世界。"摄影：任鹏巍

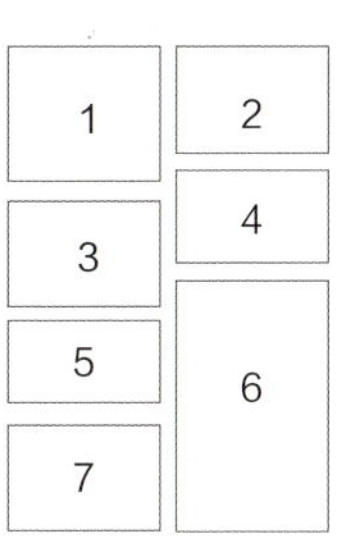

1. 学习雷锋，就应该像雷锋那样，以帮助别人为自己最大的快乐，做一颗永不生锈的螺丝钉。图为 70 年代五连战士帮助驻地的人民公社劳动。摄影：欧达龙 韩铭新

2. 1995 年 3 月 2 日，参加八届全国人大三次会议的山东代表王为民（右）提着随身带来的工具袋，悄悄走进山东团驻地牡丹宾馆的员工自行车存车棚，义务修理起自行车。老王是山东胜利石油管理局临盘采油一矿副厂长，他走到哪里，好事就做到哪里。每次来北京开会，都要到驻地义务修理自行车。摄影：姚大传

3. 河南省光山县文殊公社青年学雷锋小组，义务帮助军烈属种好责任田。图为青年们在为军属李道银包种的责任田施肥。摄影：张春久

4. 孙茂芳，曾任北京军区总医院副政委，几十年来先后照顾了 18 位孤寡老人和残疾人，资助了 33 位失学儿童，人称“京城雷锋”。图为孙茂芳与他一直照顾的孤寡老人高志云。90 多岁的老人说想去天安门，孙茂芳就推着轮椅走五六个小时陪她去。

5. 1995 年 3 月 5 日是全国学雷锋日，北京天坛公园团委组织 250 多名团员立足岗位开展学雷锋活动。图为他们在天坛祈年殿前义务擦洗朝灯。摄影：李俊东

6. 2004 年 3 月 4 日，一位志愿者在为来自四川的农民工文朝现理发。当日，陕西省西安市莲湖科技产业园的志愿者们来到附近的施工工地，无偿地为农民工提供理发等服务。

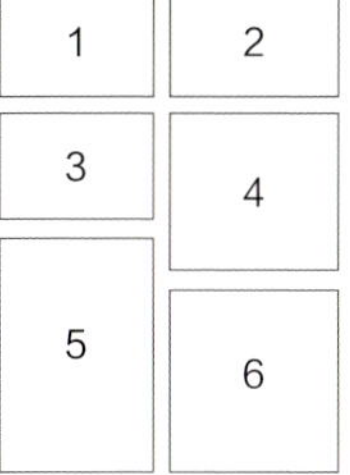

白沙义工

文明

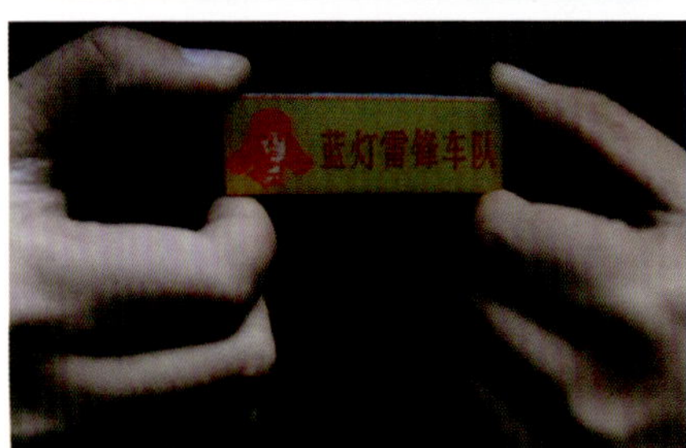
蓝灯雷锋车队

BUS
雷锋号

CHINA

千万个雷锋在成长

1. 2006 年 2 月 27 日，在宁波市江北区白沙街道北站社区，美籍义工金伯莉 · 彻丽展示其佩戴的义工标志。白沙街道“义工俱乐部”自创立以来，为居民提供服务 800 多人次，受到人们的欢迎。

2. 2011 年 3 月 5 日，江苏省无锡市启动了第九届志愿者服务月活动。无锡市南禅寺广场，50 多位各类志愿者为市民免费提供修理家电、理发、按摩、裁剪、配钥匙、法律咨询等近 20 项便民服务项目，让过往的市民感受到乐于助人的雷锋精神重现。图为残疾人志愿者在为市民修理小家电。摄影：罗军

3. 今年 42 岁的“的哥”李大庆开的士已有 13 个年头，他开的的士有一个与众不同的称号——“雷锋的士”。2009 年 11 月，长沙市出租车（蓝灯）公司的驾驶员李大庆和另外几位同事一起自发成立了一个“蓝灯雷锋车队”，这支车队通过热线服务电话预约为困难群众提供长期的免费接送服务，同时在平日的工作途中遇到老、弱、病、残、孕、幼等特殊困难乘客也提供免费乘车。2011 年，蓝灯雷锋车队因其立足本职工作、默默回报社会的感人事迹荣登“中国好人榜”，车队长李郴也光荣地成为“全国优秀志愿者”。图为 2011 年 3 月 5 日，长沙“的哥”李大庆在整理衣服上的“蓝灯雷锋车队”标识。摄影：李尕

4. 参加利比里亚维和的沈阳军区战士在给当地小朋友讲述雷锋的故事。

5. 长期以来，沈阳军区始终坚持把学习传播雷锋精神作为义不容辞的光荣使命和重大责任。无论面对怎样的社会思潮冲击，始终做到“你吹你的冷风，我学我的雷锋”。他们引导官兵不仅要当兵学雷锋，而且要一辈子做雷锋。复转官兵无论走到哪里，每个人都是传播雷锋精神的火种。

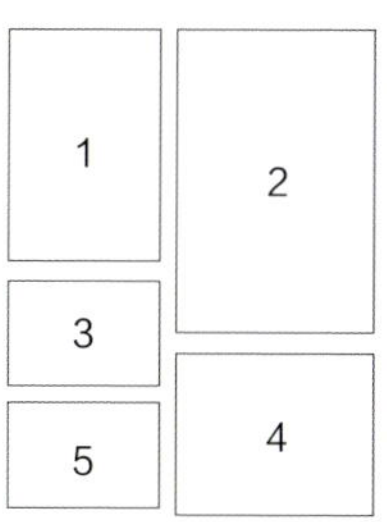

附录：中国榜样年表（雷锋）

事项＼年份	1960
社会重大事件	•1月7日至17日,中共中央在上海举行政治局扩大会议,确定了1960年国民经济计划,讨论了今后三年和八年的设想。 •2月9日,中国自行设计制造的试验型液体燃料探空火箭首次发射成功。 •3月9日,中共中央发出《关于城市人民公社问题的批示》。 •7月16日,苏联政府正式照会中国外交部,限期召回全部在华工作的苏联专家,销毁部分技术图纸,撕毁了与中国合作的几乎所有经济合同。 •9月,中共中央政治局决定成立六个中央局。
与雷锋相关的人和事	•1月8日雷锋入伍参军,到沈阳军区工程兵驻营口某部,并代表新战士发言。参军后荣立二等功一次,三等功两次,团营嘉奖多次。 •4月7日,雷锋随部队从营口到抚顺执行施工任务。 •9月，雷锋所在部队工程兵工程第十团连续收到两封地方来信，表扬雷锋给驻地公社和灾区人民各寄去100元钱。政治处派人到雷锋所在连队了解这件事情时，发现雷锋入伍8个月来有不少艰苦奋斗、助人为乐的事迹，很感人，联系雷锋入伍后各方面突出表现，遂整理出材料报告团首长。该团政治委员韩万金同志看过材料后，亲自以政治处的名义写了一段按语，指出雷锋勤俭节约、积极支援社会主义建设的高贵品德，应成为每个同志学习的榜样，并批示印发连队和机关组织学习。在收集全团学习汇报情况的基础上，团党委作出决定，树立雷锋同志为全团艰苦奋斗的“节约标兵”，雷锋从此成为该团的典型人物。 •10月,雷锋在本连队作“忆苦思甜”典型发言,引起干部战士和机关的强烈反响,其身世和模范事迹由团报告到上级领导机关。 •11月2日，沈阳军区工程兵政治部临时抽调雷锋到沈阳，派专人陪同到军区工程兵所属的各个单位作“忆苦思甜”的典型报告。在此期间，他还应邀到兄弟部队和地方大、中、小学作报告。直至1961年1月15日共作报告27场，听众达2.2万余人。 •11月8日，雷锋被批准加入了中国共产党。 •沈阳军区工程兵政治部发出《关于在部队中开展学雷锋、赶雷锋运动的指示》。 •工程兵工程第十团党委向全团发出了人人都来学雷锋、赶雷锋，做雷锋式的战士的号召。 •沈阳军区工程兵政治部宣传处、青年处联合转发了《关于运用雷锋的典型事迹作活教材，配合部队当前教育的报告》。 •11月23日，中共沈阳军区工程兵委员会作出《授予7343部队运输连四班战士雷锋同志以“模范共青团员”称号》的决定。

事项＼年份	1960
与雷锋相关的人和事	• 11 月 24 日，沈阳军区副政治委员杜平中将在审阅雷锋先进事迹的报道稿时作了重要批示，要求全区部队学习雷锋精神。 • 11 月 26 日，沈阳军区《前进报》用两个整版的篇幅宣传雷锋事迹。在一版发表了新华社记者佟希文、李健羽等采写的《毛主席的好战士》长篇通讯；刊登了军区副政委杜平中将的重要批示手迹；报道了沈阳军区工程兵党委决定授予雷锋同志“模范共青团员”称号的消息；发表了《不忘过去，发愤图强》的社论。还在一、二版内刊登了反映雷锋优秀品质的 4 张照片。 • 12 月 1 日，《前进报》用一个版面的篇幅，以《听党的话，把青春献给祖国》为题，首次发表了雷锋日记摘抄 15 篇。 • 12 月 3 日至 10 日，《前进报》连续发表 11 篇介绍雷锋先进事迹的文章。作者有干部、战士、接受雷锋捐款的公社负责人等。文章从不同侧面，生动地反映了雷锋崇高的思想品德和精神境界。 • 12 月 8 日，中央军委工程兵政治部青年部，向全军工程兵部队下发了《关于转发沈阳军区工程兵党委授予雷锋同志“模范共青团员”称号的决定的通知》。从这一天起到月底，《前进报》每期以整版或半个版的篇幅，报道了军区各部队学习雷锋的情况。通过连续宣传报道，雷锋的先进事迹在沈阳军区指战员中流传开来。 • 12 月 11 日，《抚顺日报》刊载了介绍雷锋先进事迹的长篇通讯《毛主席的好战士》和雷锋日记摘抄，并配发了编者按语。 • 12 月 13 日，《辽宁日报》发表了介绍雷锋先进事迹的长篇通讯《红色的战士雷锋》。 • 12 月，《人民日报》《中国青年报》《解放军报》分别以《苦孩子成为优秀的人民战士》《苦孩子——好战士》《一棵茁壮的新苗》为题，相继发表了新华社播发的介绍雷锋事迹的文章。

附录：中国榜样年表（雷锋续一）

年份 / 事项	1961
社会重大事件	•1月14日至18日，中国共产党八届九中全会在北京举行，正式通过了对整个国民经济实行“调整、巩固、充实、提高”的八字方针，并决定在农村深入贯彻《12条》，进行整风整社。 •3月6日，安徽省委根据农民群众的要求，决定试行“定产到田，责任到人”的田间管理责任制。 •7月10日，朝鲜首相金日成率团访问中国。 •9月15日，中共中央批准试行庐山工作会议上通过的《教育部直属高等学校暂行工作条例（草案）》（简称《高教60条》）。 •10月15日—23日，周恩来总理率领中国代表团参加苏共22大，表明了中共关于兄弟党、兄弟国家应该确立尊重独立平等的新型关系的态度。
与雷锋相关的人和事	•1月6日，沈阳军区工程兵政治部宣传处，印发了《工程兵运用雷锋活的典型向军内进行活的教育的总结报告》。 •1月14日，军委工程兵政治部发出《关于学习雷锋同志的通报》。 •1月29日，雷锋从抚顺返回营口，在营口军人大会上作“忆苦思甜”报告。有千余名战友和家属听了报告。 •2月3日，雷锋从营口应邀到海城驻军作“忆苦思甜”报告。当天下午，他同董存瑞的亲密战友、全国著名的战斗英雄郅顺义见了面。 •5月14日，雷锋被提升为副班长。 •5月26日，雷锋当选为抚顺市第四届人民代表大会代表。 •5月28日，共青团抚顺市委命名雷锋为少先队优秀大队辅导员。 •10月4日，工程兵工程第十团政治处，发出《关于转发运输连党支部整理的雷锋事迹的通知》。

附录：中国榜样年表（雷锋）

事项＼年份	1962
社会重大事件	•5月22日，1960—1961年度首届影片评选“百花奖”授奖大会举行。周恩来和陈毅出席。崔嵬、祝希娟、陈强、谢晋分别获得最佳男主角、最佳女主角，最佳男配角、最佳导演奖。 •5月25日，苏联在新疆制造了伊犁暴乱事件，中国边防军粉碎了这次武装叛乱。 •10月20日，印度与中国军队在中印边界东西两段发生冲突。 •12月25日至27日，蒙古国部长会议主席泽登巴尔访问中国。26日，中国蒙古边界条约在北京签字。
与雷锋相关的人和事	•2月2日，沈阳军区工程兵政治部，发出《关于学习雷锋活动目前开展情况的报告》。 •2月19日，沈阳军区首届共青团员代表会议在沈阳召开，雷锋作为特邀代表出席了这次会议，并被选为主席团成员。当天会议上，雷锋作了“我是怎样从一个苦孩子成长为毛主席的好战士”的报告。在报告中，雷锋诉说了他苦难的童年，畅谈了他在党的阳光照耀下所得到的温暖，汇报了他参军前后的一些感人事迹，介绍了他学习毛主席著作的心得体会。这场报告感人泪下，催人奋进，引起了到会500余名代表和约1000名旁听者的强烈反响。 •2月25日，出席沈阳军区首届共青团员代表会议的代表与沈阳市各界青年举行联欢。联欢前，雷锋与其他特邀代表一起，受到了辽宁省、沈阳市和沈阳军区领导黄火青、黄欧东、吴铁鸣、赖传珠上将、曾绍山中将、杜平中将等的接见。联欢会上，雷锋作为部队的代表讲了话，他表示要听党和毛主席的话，鼓足更大的革命干劲，踏踏实实，团结带领广大青年群众，争取做出显著的成绩来。 •2月27日，沈阳军区首届共青团员代表会议全体代表通过了《给军区全体共青团员的一封信》。信中号召军区部队广大共青团员和青年，要以毛主席的好战士雷锋等先进人物为榜样，掀起一个学先进、赶先进的竞赛热潮，使他们的先进事迹和先进经验在部队中普遍开花结果。 •8月15日上午10时，雷锋同志在部队车场指挥倒车时，因车尾部刮倒晒衣场的一根柞木杆砸在了他的太阳穴上，负重伤。经驻地医院医护人员的奋力抢救，终因伤势过重，抢救无效，于当日中午12时05分牺牲。年仅22岁。 •8月17日，“公祭雷锋同志大会”在抚顺市望花区人民委员会礼堂举行。沈阳军区司令部、政治部，雷锋生前所在部队和抚顺市委、市人大常委会敬献了花圈。公祭大会结束后，当雷锋的灵车经过望花大街时，数万人民群众自发地前来为雷锋送行。 •8月23日，《前进报》在一版显著位置发表了公祭大会的消息，刊登了大会的照片，并且发表了雷锋同志的简历。 •10月23日，共青团抚顺市委发出《关于组织全市广大青少年参观雷锋烈士展览室，开展好阶级教育的通知》。通知要求，通过纪念雷锋、学习雷锋，把雷锋的革命战斗精神传播到全市青少年当中去。

附录：中国榜样年表（雷锋续二）

年份 事项	1962
与雷锋相关的人和事	•10月雷锋生前所在团举办了“雷锋烈士生平事迹展览室”，并举行了隆重的开展仪式。沈阳军区副政委杜平、吴保山及军区工程兵领导王良太等参观了展览。杜平、王良太等为展览题了词。不久，应抚顺市领导和群众的要求，展品移至市中心区的工人俱乐部展出。展览内容通过报刊、广播，在军内外迅速传播开来，3个月的时间里，观众达28万人次。 •10月，雷锋生前所在运输连四班全体同志提出申请，请求上级授予四班“雷锋班”称号。经各级党组织研究并逐级上报，沈阳军区于11月19日向总政治部发出报告。 •11月4日，共青团抚顺市委五届二次全委会议发出“学雷锋，做无产阶级革命事业接班人的倡议”。 •11月24日，共青团抚顺市委五届二次委员（扩大）会议作出《关于在全市青少年中以雷锋为引线深入开展阶级和阶级斗争教育的决定》。 •11月，共青团辽宁省委在抚顺市召开了各市、地团委宣传部长会议，会议开了3天，参加会议的各市、地团委宣传部长先听了雷锋事迹报告，参观了展览室，然后到基层单位参观、了解开展学习雷锋活动的经验。在此基础上，听取了抚顺团市委书记宋廷章同志作的“抚顺市团组织在青少年中开展学习雷锋活动的经验”的介绍。到会的同志一致认为，雷锋是广大青少年进步的好榜样，雷锋的事迹有感人至深的思想威力，抚顺的经验是宝贵的，决心借鉴抚顺的经验，把学雷锋活动开展起来。

附录：中国榜样年表（雷锋）

事项＼年份	1963
社会重大事件	•2月11日至28日，中共中央在北京举行工作会议。会议讨论了关于在城市开展“五反”运动、严格管理大中城市集市贸易和坚决打击投机倒把、1963年国民经济计划和“中小学工作条例”等问题。 •4月12日至5月16日，中华人民共和国主席刘少奇先后访问印度尼西亚、缅甸、柬埔寨和越南，加强了中国同这些国家的友好合作关系。 •9月15日至27日，刘少奇主席访问朝鲜，进一步加强了中朝两国人民的传统友谊和伟大团结。 •12月25日，我国石油产品已经达到基本自给。
与雷锋相关的人和事	•1月7日，国防部命名雷锋生前所在班为“雷锋班”。 •1月18日，中共沈阳军区委员会作出《关于开展学习雷锋运动的决定》，号召广大指战员和青少年向雷锋同志学习，把自己锻炼成为一个坚强的无产阶级革命战士。 •1月19日，沈阳军区政治部发出《关于开展学习雷锋运动的指示》。要求各部队认真执行军区党委决定，开展学习雷锋运动，培养出更多雷锋式战士。 •1月21日，沈阳军区在八一剧场隆重举行“雷锋班”命名大会。出席命名大会的有来自部队、机关、院校的代表1500多人。军区领导人陈锡联上将、曾思玉中将、曾绍山中将、刘转连中将、杜平中将及军区领导机关和军区各军兵种的领导人出席了大会，中共中央东北局候补书记强晓初、共青团辽宁省委副书记朴景安应邀出席了大会。陈锡联宣读了国防部命令，杜平讲了话。驻营口工程兵，雷锋生前所在班全体战士专程从营口赶到沈阳参加会议。 •2月8日，沈阳军区召开了近千名官兵参加的学雷锋动员大会。 •2月9日，中国人民解放军总政治部发出通知，号召全军迅速开展宣传和学习雷锋同志模范事迹的活动。 •2月12日，军委工程兵政治部发出《关于广泛深入展开宣传和学习雷锋活动的指示》。 •2月15日，共青团中央发出《关于在全国青少年中广泛开展“学习雷锋”的教育活动的通知》。通知指出，雷锋光辉的一生，为我国青年树立了一个具有坚定的无产阶级立场和高尚的共产主义思想品德的榜样。 •2月23日，共青团中央作出《关于追认雷锋同志为全国优秀少先队辅导员的决定》。号召全体少先队辅导员像雷锋同志那样热爱少年儿童，热爱辅导员工作，忠于党的信托，在培养共产主义接班人的工作中作出更大贡献。 •2月24日，共青团甘肃省委作出决定，在全省青少年中开展学雷锋活动。兰州军区发出学习雷锋的通知。 •2月25日，团中央机关举行雷锋事迹报告会。

附录：中国榜样年表（雷锋续三）

年份 事项	1963
与雷锋相关的人和事	•3月5日，《人民日报》《解放军报》《光明日报》《中国青年报》等全国各地报纸都在头版显著位置刊登了毛泽东主席为雷锋题词的手迹。 •3月6日，全国总工会下达了《关于广泛组织全国职工群众向雷锋同志学习的通知》。要求各省、市、自治区工会要在党委的统一领导下，把组织广大职工学习雷锋的活动，列入向职工进行阶级教育的重要内容，有计划地树立学习雷锋的典型，把做雷锋式的工人变成广大职工的实际行动。 •《解放军报》刊登了刘少奇、周恩来、朱德、林彪和邓小平等中央领导题词手迹。第二天各大报都予以转载。 •3月13日，中共中央宣传部转发了总政治部《关于宣传雷锋事迹问题的报告》。总政治部要求在宣传雷锋事迹时，实事求是，避免个别情节失实而损害雷锋形象；报道应讲求质量，不要追逐数量。 •3月19日，由中国人民解放军总政治部和共青团中央联合主办，在中国人民革命军事博物馆举办的"雷锋同志模范事迹展览"正式开幕。 •3月30日，周恩来总理观看在中国人民革命军事博物馆举办的"雷锋同志模范事迹展览"，并看了雷锋同志的亲笔日记。 •4月1日由中国美术家协会举办的"学雷锋美术作品展览"在首都帅府园美术展览馆开幕。作品内容丰富，有连环画、版画、宣传画、雕塑、油画、插图、漫画等多种多样的作品。生动地刻画了雷锋形象，颂扬了雷锋精神。著名画家吴敏、高山、李桦、黄永玉、杨水清和部队美术家刘仑、曹振峰、董辰生、洪炉等都推出了他们的力作。 •4月16日，共青团中央发出《关于在少年儿童中开展向雷锋叔叔学习教育活动的意见》。 •4月28日，《人民日报》发表胡耀邦的文章《把青年的无产阶级觉悟提高到新的高度——谈广泛学习雷锋的深远意义》。 •5月21日，北京市总工会召开工人学雷锋座谈会。 •7月1日，由沈阳军区抗敌话剧团创作的话剧《雷锋》，在首都民族文化宫剧场举行进京的首场演出。当日晚，沈阳军区政委赖传珠陪同总政治部副主任萧华以及解放军总部和各军兵种的领导人一起观看了演出。 •7月5日，周恩来总理、邓颖超同志、陈毅副总理以及国务院文化部齐燕铭副部长等，在萧华副主任的陪同下，观看了抗敌话剧团演出的话剧《雷锋》。演出结束时，周恩来、邓颖超、陈毅，以及萧华、齐燕铭等，高兴地走上舞台，周总理一面和演员们握手一面说："戏不错！这样的事能写成戏很不容易，你们写成了。本子不错，戏也演得好，演得好！"陈毅副总理也称赞说："演得很好，很好！满有戏的嘛！" •7月8日，中共中央副主席陈云题词："雷锋同志是中国人民的好儿子，大家向他学习"。 •7月12日，抗敌话剧团在总政排练场演出时，罗瑞卿总参谋长和在北京的各军区领导同志看了演出。罗瑞卿对话剧《雷锋》给予了充分的肯定，并指示在艺术上要继续提高。

事项＼年份	1963
与雷锋相关的人和事	•7月31日，毛泽东主席在周恩来总理等中央领导同志的陪同下，观看了抗敌话剧团在中南海怀仁堂演出的话剧《雷锋》。演出结束后，毛主席和周总理以及在场观众都起立鼓掌。毛主席、周总理、陈毅副总理、李先念副总理以及谭震林、薄一波、周扬同志，在罗瑞卿总参谋长陪同下走上了舞台，亲切地和全体演员合了影。 •8月15日，在雷锋因公殉职1周年之际，沈阳军区在营口隆重举行纪念大会。军委工程兵司令员陈士榘上将、沈阳军区司令员陈锡联上将等领导同志出席了大会。共青团中央书记杨海波及辽宁省、抚顺市团委的负责同志应邀出席了大会。 •8月，湖南长沙县坪山公社、抚顺市分别举行大会，纪念雷锋同志牺牲1周年。参加纪念大会的有当地党、政、军负责同志和各界群众代表。 •沈阳军区领导机关召开了有1500人参加的“响应毛主席号召，进一步开展学习雷锋同志活动动员大会”。中共中央东北局，中共辽宁省委、省人大常委会，中共沈阳市委、市人大常委会，共青团中央以及共青团辽宁省委、沈阳市委、抚顺市委的负责同志应邀出席了大会。军区司令员陈锡联上将把复制的毛泽东等老一辈无产阶级革命家为雷锋题词的放大件赠与雷锋生前所在的运输连，勉励部队官兵以实际行动响应党中央和毛主席的号召，继续深入地开展学习雷锋活动。共青团中央代表在大会上宣读了团中央追认雷锋为全国优秀少先队辅导员的决定，并颁发了奖状。

附录：中国榜样年表（雷锋续四）

事项 \ 年份	1964
社会重大事件	•2月10日，《人民日报》发表《大寨之路》的报道，同时发表《用革命精神建设山区的好榜样》的社论，此后，全国农村掀起了农业学大寨运动。 •7月初，根据毛泽东的意见，中央决定成立以彭真为组长的文化革命五人小组。 •8月17日，中共中央和国务院批转国家经济委员会党组《关于试办工业、交通托拉斯的意见的报告》，批准在全国协办12个托拉斯，后因“文化大革命”的到来而中断。 •10月16日，我国第一颗原子弹爆炸成功。
与雷锋相关的人和事	•董兆琪导演的黑白电影《雷锋》上映。 •8月15日，抚顺市雷锋纪念馆奠基，位于辽宁省抚顺市望花区和平路东段61号，原雷锋生前所在部队驻地附近。1969年、1992年、2002年前后进行了三次改扩建。 •9月，中国少年儿童出版社出版了连环画《雷锋叔叔的故事》。

事项 \ 年份	1965
社会重大事件	•1月10日，中国国家气象中心在北京成立。 •2月26日，中共中央、国务院发布《关于西南三线建设体制问题的决定》。 •9月17日，我国科学家完成了结晶牛胰岛素的合成，这是世界上第一次人工合成多肽类生物活性物质。中国成为第一个合成蛋白质的国家。 •11月10日，上海《文化报》发表姚文元的《评新编历史剧〈海瑞罢官〉》一文，揭开了“文化大革命”的序幕。
与雷锋相关的人和事	•2月25日，营口市总工会、团市委、市妇联、营口军分区政治部联合发出通知，要求深入开展学习雷锋宣传教育活动。 •2月28日，沈阳军区在营口隆重举行纪念毛泽东同志发出“向雷锋同志学习”号召两周年大会。 •4月14日，中组部、中宣部发出关于向雷锋学习活动的通知。 •8月15日，抚顺市“雷锋纪念馆”落成。 •12月，中国青年出版社出版《论雷锋》，中国电影出版社出版电影连环画册《雷锋》。

附录：中国榜样年表（雷锋）

年份 事项	1966
社会重大事件	•1月28日，中国导弹核武器试验成功。 •5月3日，中国第一批“红旗”高级轿车出厂。 •5月4日至26日，中共中央政治局扩大会议在北京举行，会议由刘少奇主持。 •5月28日，中央文化革命小组成立。 •6月1日，《人民日报》发表社论，号召群众起来“横扫一切牛鬼蛇神”。 •7月1日，经毛泽东主席批准，中国战略导弹部队成立，周恩来总理亲自命名：第二炮兵。 •8月1日至12日，中国共产党八届十一中全会在北京举行。5月中央政治局扩大会议和八届十一中全会的召开，是“文化大革命”全面发动的标志。 •10月8日，中国制成第一批10万千瓦水轮发电机组。 •10月15日，中国出口商品交易会在广州开幕。 •12月26日，中国研制的中程火箭首次飞行试验基本成功。 •12月28日，中国成功地进行了氢弹原理试验。
与雷锋相关的人和事	•3月3日，沈阳军区领导机关1500多人隆重集会，纪念毛主席发出“向雷锋同志学习”伟大号召3周年。中共中央东北局、沈阳军区、辽宁省、沈阳市的负责同志出席了大会。 •3月5日，雷锋生前所在部队在营口隆重集会，纪念毛主席发出“向雷锋同志学习”号召3周年。 •4月，《雷锋班的故事》由上海少年儿童出版社出版。 •长沙市动工建造雷锋纪念馆。

年份 事项	1967
社会重大事件	•6月6日，中共中央、国务院、中央军委、中央文革发出包括七项内容的通令，要求“纠正最近出现的打、砸、抢、抄、抓的歪风”。 •6月17日，我国第一颗氢弹在西部地区上空爆炸成功。 •9月5日，中国和坦桑尼亚、赞比亚政府签署协议，承诺提供一切必要的援助，修建坦赞铁路。这是中国历史上最大的对外援助项目。
与雷锋相关的人和事	•3月5日，沈阳军区工程兵机关、湖南长沙、辽宁抚顺和雷锋工作过的鞍山市都举行了规模隆重的纪念毛主席“向雷锋同志学习”题词发表4周年活动。 •3月25日发行纪念雷锋的《毛主席的好战士》邮票。

附录：中国榜样年表（雷锋续五）

事项＼年份	1968
社会重大事件	•7月21日，毛泽东对《从上海机床厂看培养工程技术人员的道路》的调查报告作批示："大学还是要办的，我这里主要说的是理工科大学还要办，但学制要缩短，教育要革命，要无产阶级政治挂帅，走上海机床厂从工人中培养技术人员的道路。要从有实践经验的工人、农民中间选拔学生，到学校学几年以后，又回到生产实践中去。" •9月5日，西藏、新疆两个自治区的革命委员会同时成立。 •12月22日，《人民日报》传达了毛泽东的指示："知识青年到农村去，接受贫下中农的再教育，很有必要。"各地立即掀起了知识青年上山下乡的热潮。 •12月29日，南京长江大桥提前全面建成通车。
与雷锋相关的人和事	•10月20日，雷锋纪念馆在长沙县雷锋公社雷锋大队（今望城县雷锋乡雷锋村）建成，11月20日，雷锋纪念馆举行落成典礼。

事项＼年份	1969
重大事件	•4月1日至24日，中国共产党第九次全国代表大会在北京召开。 •4月28日，中国共产党九届一中全会在北京举行。 •6月，黄永胜、吴法宪、叶群、李作鹏、邱会作等人主持的军委办事组召开座谈会，提出了庞大的国防建设计划。 •7月8日，河南省林县（今林州市）红旗渠工程全部建成。 •8月27日，中央决定成立全国性的人民防空领导小组和各省、市、自治区人民防空领导小组，以加强人民防空工作。 •9月23日，中国成功地进行了首次地下核试验。 •9月29日，中国在西部地区上空成功进行了一次氢弹爆炸。 •10月26日，中共中央发出《关于高等院校下放问题的通知》。此后，中央所属的高等院校，包括北京大学、清华大学在内，全部下放地方管理。部分高等院校被撤销或合并。到1971年，全国原有的434所高等院校中保留继续办学的还有328所。
与雷锋相关的人和事	•3月5日，雷锋家乡人民在望城县雷锋纪念馆集会，纪念毛主席"向雷锋同志学习"题词发表6周年。

后　记

在搜寻雷锋影像和雷锋事迹过程中，我们的灵魂被涤荡，我们从心底备受鼓舞。从电影、电视剧、纪录片、档案、画册到各种图书，以及网络的海量信息，充盈着我们的头脑，尤其是与雷锋生前战友、雷锋照片的拍摄者面对面的交流，无论是张峻、季增满怀深情的对照片拍摄过程的描述，还是冷宽将军对雷锋真实形象的生动回忆，为我们全面清晰地了解雷锋，深刻领会雷锋精神打开了一扇敞亮的大门。透过这扇大门，一个生动、明亮、细节化的雷锋跃然于我们眼前，图书的脉络也就异常的清晰：

“平凡而伟大的人生”，用雷锋不同阶段的标准像和不同阶段他的老师、同事、战友的回忆，如白描和旁白的手法，栩栩如生地再现雷锋从优秀少先队员成长为优秀士兵的历程。“永远的雷锋”，从五个方面解析雷锋精神，分拣了雷锋的日记和作品，以及相应的照片，并以摄影者的亲历讲述影像背后的故事，以客观的史料呈现一个普通战士的精神丰碑。“千万个雷锋在成长”，则用不同年代全国各地涌现出来的雷锋现象和学雷锋典型，以及雷锋精神走出国门的画面，从“雷锋班”到“雷锋团”，从“活雷锋”到“洋雷锋”，雷锋精神作为中华民族的精神象征和人类道德典范，得到了传承和发扬。

《雷锋》是我社策划的“中国榜样”系列丛书的第一本。该丛书用影像叙事的方式集中展示不同时代涌现出来的、极具影响力的先进人物引领的时代精神和道德风尚。通过他们的影像和背后的故事，展现榜样人物的风采，让他们身上集中体现出来的优秀的中华民族精神得以传扬。他们是建设社会主义核心价值观的典范，他们是一个时代的楷模、一个时代的标准、一个时代的象征。他们影响着一代人、几代人……当今，乃至于未来，甚至世界……

“中国榜样”丛书集结了我们生命之路上的道德榜样，是对社会主义精神文明生动、具体的诠释，是青少年树立良好价值观、道德观的普及读物。

在《雷锋》的编辑过程中，我们得到了中国文学艺术界联合会、中国摄影家协会的鼎力支持，得到了中国社会福利基金会学雷锋基金管委会、新华社、人民画报社、国家图书馆的热情帮助和大力配合，也得到了雷锋生前战友、海军原副政委、海军中将冷宽，中国社会福利基金会学雷锋基金管委会副主任兼秘书长李天文、副秘书长陈晓光，雷锋生前战友红色摄影家季增、张峻，以及红色作家余玮的指导和帮助，在此一并表示衷心的感谢！

此书在编辑出版过程中，因时间仓促，难免出现一些疏忽和遗漏，敬请广大读者批评指正。

榜样编辑部

图书在版编目（CIP）数据

雷锋 / 榜样编辑部编. -- 北京 : 中国摄影出版社, 2012.12
（中国榜样）
ISBN 978-7-80236-847-7

Ⅰ. ①雷… Ⅱ. ①榜… Ⅲ. ①雷锋（1940～1962）－生平事迹 Ⅳ. ①K825.2

中国版本图书馆CIP数据核字(2012)第280727号

书　　名：**雷　锋**
主　　编：赵迎新
副 主 编：高　扬
责任编辑：杨小华　李亚坤
设　　计：衣　钊
编　　务：商　丹
出　　版：中国摄影出版社
地址：北京市东城区东四十二条48号　邮编：100007
发行部：010-65136125　65280977
网址：www.cpphbook.com
邮箱：office@cpphbook.com
印　　刷：北京方嘉彩色印刷有限责任公司
开　　本：32开
印　　张：7.75
字　　数：150千字
版　　次：2013年1月第1版
印　　次：2013年1月第1次印刷
ISBN 978-7-80236-847-7
定　　价：58.00元